KANA'S STANDARD for kids

スタイリスト佐藤かなが作る
女の子に着せたい毎日の服

文化出版局

はじめに

　小さな女の子の服というのは無条件にかわいらしい存在です。私自身にも娘が生まれ、彼女と共におしゃれを楽しんできました。そしてその間に感じてきた思いを形にしたのがこの本です。「かわいくて実用的な服」「こんな服があったらいいな」というアイテムと、それらを使ったコーディネート例をご紹介しています。愛情のこもったハンドメードのお洋服をみなさんに気に入っていただけたらとてもうれしいです。

佐藤かな

CONTENTS

A-5
縦フリルつきブラウス
p.14, 63

A-6
幾何学柄ワンピース
p.15, 66

A-7
フリルつきトップス
p.16, 67

一年中使える！
コーディネート実例

C-5
かぼちゃパンツ
p.34, 80

C-6
カラフルオーバーパンツ
p.36, 81

C-7
スカートつきショートパンツ
p.37, 82

C-8
リボンパンツ
p.38, 83

D-5
サンドレス
p.48, 89

D-6
エプロンスカート
p.50, 90

column

通園・通学こもの
レッスンバッグ・シューズケース・移動ポケット
..... p.54, 92

how to make..... p.57

pattern A

ゆったりトップス

シンプルなクルーネックのトップスは、子ども
もが簡単に着替えができるようボタンを省
き、後ろ身頃の衿ぐりだけにゴムテープを入
れて仕上げました。肩を落としたデザインで
洗練された雰囲気に。実用性とおしゃれ感
を両立させたパターンです。

1　　　2　　　3　　　4　　　5　　　6　　　7

A-1

ポケットつき白トップス

ポケットつきTシャツをイメージして作りました。裾の脇にスリットを入れ、後ろ身頃を少し長くしたデザインです。

how to make --> p.58

A-2

フリル袖のブラウス

鮮やかなブルーのリネンを使いました。袖と
してつけた大きなフリルは、動くとひらひら
揺れて涼しげです。

how to make --> p.61

A-3

裾フリルつきブラウス

袖はつけず、少し落ちた肩がフレンチスリーブになるデザインです。丈を短めにして、裾にはフリルをつけました。

how to make --> p.62

A-4

丸衿ワンピース

丈をのばし、前身頃に真っ白い衿をつけた
フォーマル仕様のワンピースです。モノトー
ンにまとめてシックな雰囲気に。

how to make --> p.64

A-5
- - - - -

縦フリルつきブラウス

縦に2列、共布で作ったフリルを挟み込みま
した。フリル部分を別布にしたり市販のレー
スにアレンジしても◎。

how to make --> p.63

A-6

幾何学柄ワンピース

個性的なテキスタイルを使ったワンピースを
着こなせるのも子どもの特権です。ガーゼ
素材だから肌触りも心地いい。

how to make --> p.66

A-7

フリルつきトップス

以前大人服で作って好評だった「フリルつき
トップス」のデザインを子どもサイズに。横
顔のかわいい自信作です。

how to make --> p.67

一年中使える!
コーディネート実例
pattern A

身幅がゆったりしたパターンなので
重ね着もしやすく一年中着られるデザインです。
布地を替えて作れば、さらに着こなしの
バリエーションも広がります。

style
4

差し色に
ネルシャツを
プラス!

style
2

so cute !

style
1

style
3

抜け感を
ポイントに
大人っぽく!

style 1
ボトムに同系色のストライプパンツを合わせれば、ゆったりしたトップスともバランスがとれて引き締まった印象に。オレンジ色の靴も効いています。

style 2
じゃぶじゃぶ洗えてすぐに乾くリネンのトップスは、夏の日常着としても大活躍。細かい花柄のショートパンツとスリッポンで子どもらしく活動的に。

style 3
目の詰まった高密度なコットンは張り感もあり、お出かけ着にもおすすめです。バッグとブーツをワントーンでまとめて、統一感を出しました。

style 4
大人のコーディネートをそのまま小さくしたような、こなれ感のあるスタイル。ママとだけでなく、パパともペアルックを楽しめるかもしれません。

style
5

style
7

ブーツで
カジュアル
ダウン

style
6

style
8

dress up !

style 5

マドラスチェックはデニムとの
相性抜群です。デニムのミニス
カートでキュートに。はおりもの
やタイツをプラスすれば、幅広
い季節にわたって着られます。

style 6

レディライクなおめかしワンピー
スには、衿と同じ白のフリル靴
下を合わせてイノセントな雰囲
気に。ペールトーンのバッグも
大人っぽくてすてきです。

style 7

幾何学模様を主役にした秋冬
コーディネートです。インナーは
柄の中から1色選んだブルーを
合わせればなじみがよく、しっく
りまとまります。

style 8

フリル＆ピンクというガーリーア
イテムに、ボーイッシュなオー
バーオールを合わせた甘辛ミッ
クススタイル。ストロー素材の
バッグとサンダルで夏を満喫。

pattern B

切替えワンピース

女の子の夏のワードローブには欠かすことの
できないワンピース。前あきタイプはスナッ
プにして着替えをしやすく。肩で前後を結ぶ
タイプはリボンの形もデザインのポイントに
なっています。

1   2   3   4

B-1

赤いワンピース

パッと目を引く明るい赤色が少女らしさを引き立てます。柔らかなリネン素材なら肌なじみもよく、派手になりすぎません。

how to make --> p.68

B-2

パイピングワンピース

張りのあるコットンにさわやかなストライプ
柄のバイアステープを組み合わせました。ポ
ケットにもラインを入れてアクセントに。

how to make --> p.70

B-3

肩リボン結びチュニック

丈を短くしてチュニックにアレンジ。落ち着
いたグレーの色味に、きれい色のボトムが
似合います。

how to make --> p.71

B-4

フリル袖の花柄ワンピース

フリルを袖のようにつけた、リバティプリントのワンピースです。鮮やかな色合せの花柄は女の子みんなを夢中にさせるはず。

how to make --> p.72

一年中使える！
コーディネート実例
pattern B

程よいアームホールのあきと
ノースリーブのデザインはインナーを選ばず、
秋冬にもジャンパースカートとして
着られる優秀アイテムです。
コーデュロイで作るのもおすすめ。

style
3

casual
style

リュックを
アクセント役に
投入

style
2

style
1

靴磨き少年
みたいな
元気スタイル

style
4

bohemian
style

---

style 1

赤×黒×白の3色でまとめた
コーディネート。シンプルな中
に、レギンスのドットがはじけて
います。足もとは真っ白いサボ
でさわやかに。

style 2

チェリーピンクのインナーを効
かせつつ、ニットのキャスケット
とオーソドックスなチノパンを合
わせて、かわいらしいワーカー
ズスタイルの出来上り。

style 3

スニーカーや派手色リュックを
合わせてカジュアルダウン。ス
モーキーな薄いグレー×パー
カーのパープルの組合せもとて
もよくマッチしています。

style 4

インナーのタートルカットソーに
はこっくりしたラベンダー色をセ
レクト。素材感のあるバッグと
ムートンブーツを合わせてフォー
クロアスタイルに。

style
5

style
6

style
7

style
8

トラッド靴で
おすまし顔の
完成

for winter

with denim pants

暑い夏は
ノースリーブで
元気に

style 5
かっちりした紺ブレをはおって上品な小花柄ワンピースをフォーマル服に格上げ。ちょっとしたお呼ばれの機会にも◎。きりりとお行儀もよくなりそう。

style 6
同系色のグレーのサーマルとゆるめのデニムをレイアードして、リラックス感のあるほっこりコーデの出来上り。ピンクの靴で子どもらしさも忘れずに。

style 7
赤いワンピースの上から元気なロゴスウェットを重ね着して、まるでスカートをはいているかのようなルックスに。モカシンで足もとにも季節感を。

style 8
ショートパンツと夏素材の帽子があれば、シックなチュニックもカジュアルに着回せます。アウトドアアイテムのサンダルで、水遊びもへっちゃら。

pattern C

すっきりパンツ

前のサイドにポケットをつけウエストゴムを
後ろだけにすることで、まるで既製品のよう
な、スマートな印象のパンツが完成しました。
少し手を加えれば、たくさんの種類のパンツ
にアレンジすることができます。

1 2 3 4 5 6 7 8

C-1

折返しショートパンツ

ダンガリーを使って、裾を折り返すタイプの
パンツを作りました。ベーシックな素材なの
で幅広いシーズンで活躍します。

how to make --> p.78

C-2

オールインワン

全身に花柄をまとう、ガーリーなムードのオールインワンです。着やすさも考え、肩ひもはゴムテープで伸縮する仕様になっています。

how to make --> p.76

C-3

ヒッコリーパンツ

しっかりした厚さのヒッコリー素材は丈夫で
パンツにおすすめの布地です。ストンとした
シルエットなので男の子服にも。

how to make --> p.73

C-4
- - - -

サロペットパンツ

胸当てとサスペンダーをつけてサロペットパ
ンツにアレンジ。なめらかな光沢のある細畝
のコーデュロイを使って上品に。

how to make --> p.79

C-5

かぼちゃパンツ

裾にギャザーを寄せてシルエットを少し変え
ました。ピンクのテープを挟み込んでアクセ
ントにしたポップな作品です。

how to make --> p.80

C-6

カラフルオーバーパンツ

スカートの下にはけるかわいいオーバーパン
ツがあったら……という気持ちで作った作品
です。スモーキーな配色も手作りならでは。

how to make --> p.81

C-7

スカートつきショートパンツ

ベルト部分にスカートを挟み込んで縫うだけ
の簡単なアレンジ。女の子のためのガーリー
なショートパンツです。

how to make --> p.82

C-8

リボンパンツ

ウエストにリボンをつけた、リボン柄のリラックスパンツです。優しいぬくもりのある木版プリントを使いました。

how to make --> p.83

一年中使える！
コーディネート実例
pattern C

パンツだからといって男の子っぽい
コーディネートにこだわる必要はありません。
トップスや小物次第で
かわいらしいガーリースタイルに。

style
3

コンパクトに
たたんで旅行にも
便利！

with
a knit cap

style
2

style
1

style
4

with
a rucksack

style
5

very chic

style
7

見えない
オシャレを
楽しんで☆

style
6

style
8

裾をくるくる
ロールアップ
して

with a cardigan

style 5
やわらかい肌触りのサロペッ
トをお出かけ着に。ダークトー
ンのアイテムで統一感を出した
シックな秋の装いです。少年の
ように着こなして。

style 6
ヒッコリーパンツにレースブラウ
スを合わせた甘辛コーディネー
ト。エプロンのようなチュニック
をレイアードして、かわいらしい
ペインター風スタイルに。

style 7
チアリーダーみたいな元気な着
こなし。ひらひらした真っ白な
レーススカートの下にはきれい
な配色のオーバーパンツを。チ
ラ見えしても気になりません。

style 8
花柄オールインワンにニュアン
スのあるカーディガンをはおった
リラックススタイル。中にタート
ルのインナーを重ねれば秋冬に
も活用できますね。

pattern D

ギャザースカート

長方形の布地の脇を縫い合わせ、ウエスト
を処理するだけの定番的なギャザースカート
です。今回はそんなシンプルな工程の中で、
布地のセレクトも含め、どれだけアレンジの
幅が出せるかということにこだわりました。

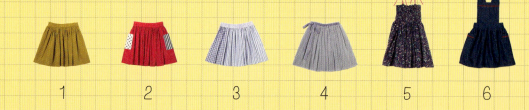

1   2   3   4   5   6

D-1

コーデュロイスカート

つやのあるコーデュロイを使ったシンプル
なスカートの基本形。ポケットはシームポ
ケットにして、きちんと感のある印象に。

how to make --> p.84

D-2

Wポケットつきスカート

目の覚めるようなフューシャピンクは私の大好きな色。左右で柄を変えたパッチポケットがポップで個性的な作品です。

how to make --> p.86

D-3

柄切替えスカート

前後で柄違いのスカートです。切替えの位
置を好みで変えてはけば、表情の変化を自
由に楽しめます。

how to make --> p.87

D-4
- - - -

チュールスカート

腰のない柔らかなチュールを重ねた繊細なア
イテム。差し色にもなる紫色のテープにゴム
テープを通してウエストを仕上げました。

how to make --> p.88

D-5

サンドレス

ウエスト部分の上にシャーリングの身頃を足
してサンドレスにアレンジ。肩のリボン結び
もポイントに。

how to make --> p.89

D-6

エプロンスカート

デニムで作ったエプロンスカートはどこか懐かしい雰囲気に。胸当てとポケットには赤いテープを挟んでアクセントに。

how to make --> p.90

一年中使える！
コーディネート実例
pattern D

ふんわりボリュームのあるスカートを
はけるのは小さな女の子の特権です。
さまざまな素材、色柄を使って、
一年中あらゆるかわいらしさを楽しみたいですね。

style
3

重ね着で
秋の装いに
チェンジ

style
1

with
a knitwear

style
2

style
4

足元で
着こなしを
格上げ

style 1
同系色のニットを合わせた、旬顔のワントーンコーディネートです。グレーと相性のいい黄色のドットがリズミカルで子どもらしいルックスを演出。

style 2
鮮やかなピンクのスカートも、シックなアイテムを合わせることで落着きのあるお出かけ着に。ポケットのモノトーンと黒のブーツで色をリンクさせて。

style 3
ユーズド感のあるデニムのシャツワンピースをレイアードしたラフなスタイル。ニットキャップとフリンジブーツでこなれた印象になりました。

style 4
ハイゲージの上品なニットベストをトップスに合わせたシンプルコーディネート。マニッシュなレースアップシューズでモダンな味つけをひとさじ。

style
5

style
6

style
7

style
8

like a school girl

sixties style

with glasses

鮮やかな
色づかいで
冬も元気に

style 5
ロゴスウェットとかっちりした
バッグでスクールガールのような
装いに。全体を寒色でまとめた
クールなスタイリングです。はず
しアイテムにドットの靴を。

style 6
コントラストの強いボーダーのリ
ブタートルで1960年代風のノ
スタルジックな着こなしに。ボ
リュームのあるフリンジブーツで
メリハリをプラス。

style 7
冬だからこそビビッドな色味で
気分を明るく。深みのある赤い
ダッフルコートとマスタード色
のスカートで温かみのあるコー
ディネートの完成。

style 8
端を切りっぱなしにしたスウェッ
トワンピースの裾から柄スカー
トをチラリと見せたレイアードス
タイル。パステルカラーのサッ
チェルバッグもかわいい。

column
- - - - - - -

通園・通学こもの

幼稚園や保育園、小学校に入ると必要になってくるのが通園・通学アイテム。一からオリジナリティを盛り込めるのが手作りの醍醐味です。お気に入りの布地で、お友達に差がつく世界に一つの作品を。名前を書くスペースも必須です。

レッスンバッグ
how to make --> p.92

シューズケース
how to make --> p.93

移動ポケット
how to make --> p.93

ハンカチとティッシュを別々に収納で
きる、まちつきの移動ポケット。個性
の出る布地選びもとても楽しい。

how to make

●出来上り寸法（100／110／120／130／140 サイズ）

pattern A　ゆったりトップス

バスト…82.6cm／86.6cm／90.6cm／94.6cm／98.6cm

1	着丈…42cm／44.5cm／47cm／49.5cm／52cm
2, 5, 7	着丈…40cm／42.5cm／45cm／47.5cm／50cm
3	着丈…34cm／36.5cm／39cm／41.5cm／44cm
4, 6	着丈…53cm／58cm／63cm／68cm／73cm

pattern B　切替えワンピース

バスト…88.8cm／92.8cm／96.8cm／100.8cm／104.8cm

| 1, 2, 4 | 着丈…51cm／57cm／63cm／69cm／75cm |
| 3 | 着丈…38cm／42cm／46cm／50cm／54cm |

pattern C　すっきりパンツ

ウエスト（仕上り）…約44cm／48cm／52cm／56cm／60cm
ウエスト（最大・6 以外）…56.2cm／60.2cm／64.2cm／68.2cm／72.2cm
ヒップ…72.7cm／76.7cm／80.7cm／84.7cm／88.7cm

1, 7	パンツ丈…20.8cm／22.4cm／24cm／25.6cm／27.2cm
2, 3, 4, 8	パンツ丈…53.4cm／60.4cm／67.4cm／74.4cm／81.4cm
5	パンツ丈…23.4cm／25.4cm／27.4cm／29.4cm／31.4cm
6	ウエスト（最大）…66cm／70cm／74cm／78cm／82cm
	パンツ丈…20.8cm／22.4cm／24cm／25.6cm／27.2cm

pattern D　ギャザースカート

ウエスト（仕上り）…約44cm／48cm／52cm／56cm／60cm
ウエスト（最大・3,4,5,6 以外）…101cm／110cm／118cm／126cm／135cm

1, 2	スカート丈…25cm／28cm／31cm／34cm／37cm
3	ウエスト（最大）…154cm／168cm／180cm／192cm／206cm
	スカート丈…25cm／28cm／31cm／34cm／37cm
4	ウエスト（最大）…92cm／98cm／104cm／104cm／104cm
	スカート丈…31cm／34cm／37cm／40cm／43cm
5	ウエスト（最大）…80cm／84cm／88cm／92cm／96cm
	スカート丈…32cm／35cm／38cm／41cm／44cm
6	ウエスト（最大）…74cm／80cm／86cm／92cm／98cm
	スカート丈…25cm／28cm／31cm／34cm／37cm

●参考寸法（100／110／120／130／140 サイズ）

バスト…54cm／57cm／60cm／64cm／70cm

ウエスト…51cm／53cm／54cm／56cm／60cm

ヒップ…57cm／60cm／63cm／70cm／75cm

参考年齢…3.5歳／5.5歳／6.5歳／8.5歳／10.5歳

●実物大パターンについて

付録の実物大パターンは縫い代つきです。
内側の細い点線が出来上り線、外側の太い線が縫い代つきの線になっています。
縫い代つきパターンの便利なところは、裁断の時に縫い代をはかって布に印をつける手間がないこと。
また、チョークペーパーなどで出来上り線の印つけはせずに、布端から指定の寸法で縫う（例えば1cmの縫い代なら、布端から1cm内側を縫う）方法を使います。そのために縫合せに必要な合い印は、位置の布端をパターンごと切込み（0.2～0.3cm・洋裁用語ではノッチ）を入れて印にします。わになっている中心は、縫い代の角を斜めに切って合い印にします。（→ p.58）
縫い代つきパターンに慣れていなくて不安な場合は、内側の出来上り線（細い点線）でパターンを写し取り、裁合せ図の指定の縫い代をつけて裁断してから、出来上りの印をつけます。

ダーツやタック、ポケット位置などの縫い代より内側につける印は、織り糸を切らないように目打ちで小さく穴をあけるか、水で消せる印つけ用のペンなどで書いておきます。

ギャザースカートの実物大パターンもありますが長方形なので、布に直接線を引いて裁断する「じか裁ち」にすれば、パターンを作る手間が省けます。その際、ポケット口やポケットつけ位置は実物大パターンをご確認ください。

●裁合せ図について

各作品の裁合せ図は、120 サイズのパターンで配置しています。大きいサイズの場合は、同じ配置ができない可能性もあるため、材料の使用量が多くなっています。

A-1 ポケットつき白トップス

--> p.7

●必要なパターン（実物大パターンA面）

前、後ろ、袖、ポケット
・衿ぐり用バイアステープは、裁合せ図で示した寸法を
　直接布地にしるして裁つ

●材料（100／110／120／130／140 サイズ）

表布（コットン）110cm幅 1.4 m／1.5 m／1.5 m／
　1.6 m／1.6 m
ゴムテープ 0.6cm幅を 17cm／17.5cm／18cm／
　18.5cm／19cm

●縫う前の準備

・肩、脇、袖下、袖口、ポケット回りの縫い代に
　布の表面からジグザグミシンをかける
・裾、袖口、ポケット口を出来上りにアイロンで
　三つ折りにする

●縫い方

①ポケットを作ってつける（→ p.59）
②肩を縫う（→ p.59）
③衿ぐりにバイアステープをつけて、
　ゴムテープを通す（→ p.59）
④袖を身頃につける（→ p.60）
⑤袖下と脇を続けて縫う（→ p.60）
⑥袖口を折って縫い、カフスをたたむ（→ p.60）
⑦スリットを縫う（→ p.60）
⑧裾を三つ折りにして縫う（→ p.60）

●裁合せ図

＊指定以外の縫い代は1cm

110cm幅

袖（2枚）
2.5　2.5
2　0

0.5
衿ぐり用
バイアステープ
（1枚）
3.5
★
前（1枚）
わ
4
4
ポケット（1枚）

0.5
後ろ（1枚）
わ
4

110 cm幅

★=53.5／55／56.5／58／59.5

●布の裁ち方

この本のパターンは縫い代つきですので、太い線を写し取ると、内側に
縫い代（寸法は各裁合せ図を参照）が含まれています。布の上にパター
ンを置いたら、パターンの紙端にそって布を裁ちます。

前パターン

前（表）

パターン
前パターン

0.2～0.3
パターンごと
カット

小さく
三角にカット

パターン

●印つけ

出来上り線での印つけはせずに、布端から指定の寸法で
縫う（例えば1cmの縫い代なら、布端から1cm内側を縫う）
方法を使います。そのために縫合せに必要な合い印は、
位置の布端をパターンごと切込み（洋裁用語ではノッチ）
を入れて印にします。わになっている中心は、縫い代の
角を斜めに切って合い印に。印をつけ終わった後、パター
ンをはずします。なお左胸ポケット位置は、左半身の表
面にパターンを重ね直し、角より少し内側に目打ちで穴
をあけて印つけをします。

●縫う前の準備

ミシンでの縫合せがスムーズにいくように、あらかじめ各パーツの下準備をしてお
きます。

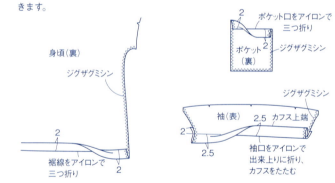

身頃（裏）

ジグザグミシン

2

裾線をアイロンで
三つ折り

2

2
ポケット口をアイロンで
三つ折り
ポケット
（裏）
2　ジグザグミシン

ジグザグミシン

袖（表）　2.5　カフス上端
2
2.5
袖口をアイロンで
出来上りに折り、
カフスをたたむ

●縫い方順序

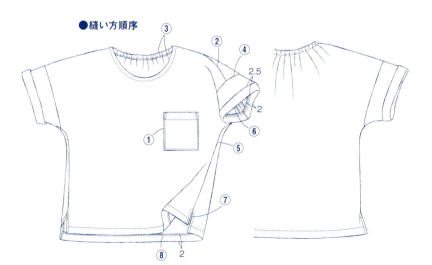

③
②
④
2.5
2
①
⑥
⑤
⑦
⑧　2

① ポケットを作ってつける

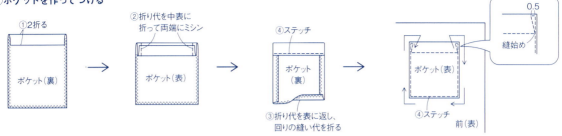

①2折る
ポケット（裏）

②折り代を中表に折って両端にミシン
ポケット（表）

④ステッチ
ポケット（裏）

③折り代を表に返し、回りの縫い代を折る

④ステッチ
ポケット（表）
前（表）

0.5
縫始め

② 肩を縫う

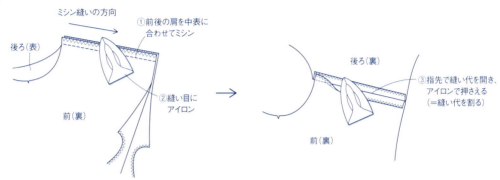

ミシン縫いの方向

①前後の肩を中表に合わせてミシン

後ろ（表）

②縫い目にアイロン

前（裏）

後ろ（裏）

③指先で縫い代を開き、アイロンで押さえる（＝縫い代を割る）

前（裏）

③ 衿ぐりにバイアステープをつけて、ゴムテープを通す

バイアステープを途中ではぐ場合の縫い方

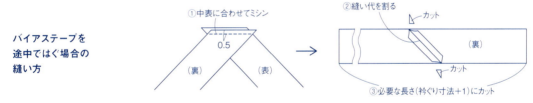

①中表に合わせてミシン
0.5
（裏）　（表）

②縫い代を割る
カット
（裏）
カット

③必要な長さ（衿ぐり寸法＋1）にカット

衿ぐりの縫い方

（表）
①アイロンで外表に半分に折る

（表）
0.5
②①を開いて、テープの端を中表に合わせて縫い、輪にする

③縫い代を割る
（表）
④半分に折る

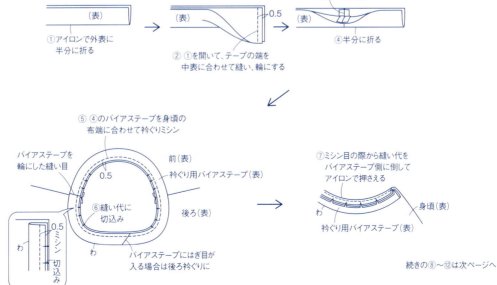

⑤④のバイアステープを身頃の布端に合わせて衿ぐりミシン

バイアステープを輪にした縫い目

前（表）
0.5
衿ぐり用バイアステープ（表）

⑥縫い代に切込み

後ろ（表）

わ

0.5
ミシン
切込み

わ

バイアステープにはぎ目が入る場合は後ろ衿ぐりに

⑦ミシン目の際から縫い代をバイアステープ側に倒してアイロンで押さえる

わ
身頃（表）
衿ぐり用バイアステープ（表）

続きの⑧～⑫は次ページへ

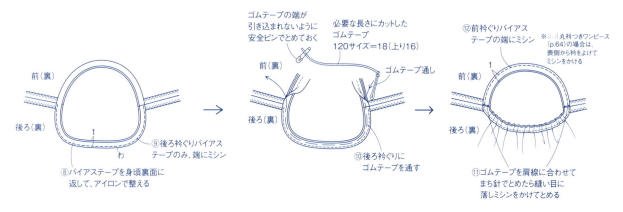

前（裏）
後ろ（裏）

わ
1

⑧バイアステープを身頃裏面に返して、アイロンで整える

⑨後ろ衿ぐりバイアステープのみ、端にミシン

ゴムテープの端が引き込まれないように安全ピンでとめておく

必要な長さにカットしたゴムテープ
120サイズ＝18（上り16）

ゴムテープ通し

前（裏）
後ろ（裏）

⑩後ろ衿ぐりにゴムテープを通す

⑫前衿ぐりバイアステープの端にミシン

※A-4丸衿つきワンピース（p.64）の場合は、表側から衿をよけてミシンをかける

1
前（裏）
後ろ（裏）

⑪ゴムテープを肩線に合わせてまち針でとめたら縫い目に落しミシンをかけてとめる

④袖を身頃につける

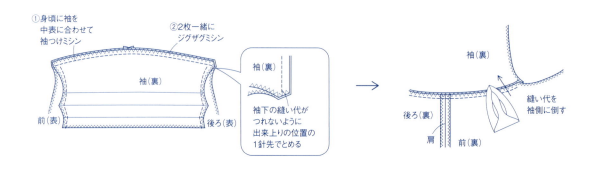

①身頃に袖を中表に合わせて袖つけミシン

②2枚一緒にジグザグミシン

袖（裏）

前（表）
後ろ（表）

袖（裏）
袖下の縫い代がつれないように出来上りの位置の1針先でとめる

袖（裏）

後ろ（裏）
肩
前（裏）
縫い代を袖側に倒す

⑤袖下と脇を続けて縫う

カフス上端
袖口線
袖（裏）
前（裏）

前後身頃を中表に合わせ、袖下からスリット止りまで続けてミシン

スリット止り
2
7（各サイズ共通）

⑥袖口を折って縫い、カフスをたたむ

カフス上端
袖（裏）
前（裏）

①カフス分を折ってミシン
2
0.5
縫い代を割る

カフス（表）
カフス上端
袖（表）
前（表）

③カフスの縫い目に落しミシン
②袖口を折る

⑦スリットを縫う

前（裏）
後ろ（裏）

スリット止り
7
9
0.5
ステッチ

⑧裾を三つ折りにして縫う

前（裏）
後ろ（裏）

スリット止り
2
2
裾を三つ折りにしてミシン

A-2 フリル袖のブラウス
--> p.8

●必要なパターン（実物大パターン A 面）
前、後ろ、袖
・衿ぐり用バイアステープは、裁合せ図で示した寸法を直接布地
　にしるして裁つ

●材料（100 ／ 110 ／ 120 ／ 130 ／ 140 サイズ）
表布（麻）100cm幅 1.5m ／ 1.6m ／ 1.6 m ／ 1.7m ／ 1.7m
ゴムテープ 0.6cm幅を 17cm ／ 17.5cm ／ 18cm ／ 18.5cm ／ 19cm

●縫う前の準備
・肩、脇、袖下の縫い代に布の表面からジグザグミシンをかける
・裾、袖口を出来上りにアイロンで三つ折りにする

●縫い方
① 肩を縫う。前後を中表に合わせて縫い、縫い代を割る（→ p.59）
② 衿ぐりにバイアステープをつけて、ゴムテープを通す。
　 衿ぐりには半分に折ったバイアステープをつけ、
　 後ろ衿ぐりにゴムテープを通したあとに前衿ぐりの
　 バイアステープを縫いとめる（→ p.59）
③ 袖にギャザーを寄せて、身頃につける（→ p.61）
④ 袖下と脇を続けて縫う。
　 前後身頃を中表に合わせて袖下から裾まで続けて縫い、
　 縫い代は割る
⑤ 袖口を三つ折りにして縫う
⑥ 裾を三つ折りにして縫う

●裁合せ図

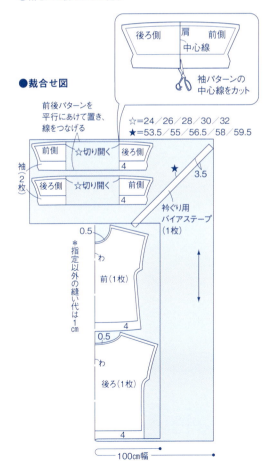

前後パターンを
平行にあけて置き、
線をつなげる

☆=24／26／28／30／32
★=53.5／55／56.5／58／59.5

0.5
わ
前（1枚）
4

0.5
わ
後ろ（1枚）
4

＊指定以外の縫い代は1cm

衿ぐり用
バイアステープ
（1枚）
3.5
★

後ろ側　肩　前側
中心線
袖パターンの
中心線をカット

前側　☆切り開く　後ろ側　4
後ろ側　☆切り開く　前側　4
袖（2枚）

100cm幅

●縫い方順序

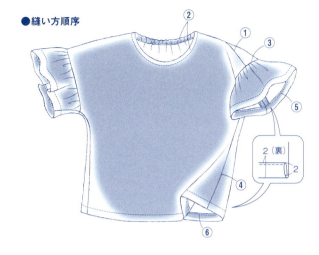

2（裏）
2

③ 袖にギャザーを寄せて、身頃につける

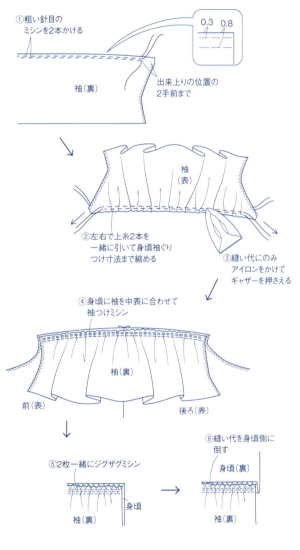

① 粗い針目の
　 ミシンを2本かける

0.3　0.8

袖（裏）

出来上りの位置の
2手前まで

② 左右で上糸2本を
　 一緒に引いて身頃袖ぐり
　 つけ寸法まで縮める

袖（表）

③ 縫い代にのみ
　 アイロンをかけて
　 ギャザーを押さえる

④ 身頃に袖を中表に合わせて
　 袖つけミシン

袖（裏）

前（表）　　　　　後ろ（表）

⑤ 2枚一緒にジグザグミシン

袖（裏）　　　身頃

⑥ 縫い代を身頃側に
　 倒す

身頃（裏）

袖（裏）

A-3 裾フリルつきブラウス
--> p.10

●必要なパターン（実物大パターン A 面）
前、後ろ
・前後フリルと衿ぐり用バイアステープは、
　裁合せ図で示した寸法を直接布地にしるして裁つ

●材料（100／110／120／130／140 サイズ）
表布（コットン）140cm幅 60cm／70cm／70cm／
　80cm／80cm
ゴムテープ 0.6cm幅を 17cm／17.5cm／18cm／
　18.5cm／19cm

●縫う前の準備
・肩、脇、フリル脇の縫い代に布の表面から
　ジグザグミシンをかける
・フリルの裾、袖ぐりを出来上りにアイロンで
　三つ折りにする

●縫い方
①肩を縫う。
　前後を中表に合わせて縫い、縫い代を割る（→ p.59）
②衿ぐりにバイアステープをつけて、ゴムテープを通す。
　衿ぐりには半分に折ったバイアステープをつけ、
　後ろ衿ぐりにゴムテープを通したあとに
　前衿ぐりのバイアステープを縫いとめる（→ p.59）
③袖ぐりを三つ折りにして縫う
④脇を縫う（→ p.62）
⑤フリルの脇を縫う。
　前後を中表に合わせて縫い、縫い代を割る
⑥フリルの裾を三つ折りにして縫う
⑦フリルにギャザーを寄せて、身頃と縫い合わせる（→ p.62）

●裁合せ図
＊指定以外の縫い代は1cm

★=53.5／55／56.5／58／59.5
☆=92／97／102／107／112
◎=8／9／10／11／12

140cm幅

30
3.5
30
3.5

衿ぐり用バイアステープ
（はぎ合わせて長さ★を1枚）

0.5
☆
◎
☆
◎
0.5
前後裾フリル（2枚）

後ろ（1枚）　前（1枚）
わ　　　　　　わ

140cm幅

●縫い方順序

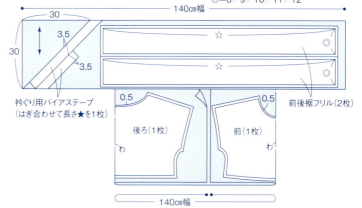

0.5
0.5
（裏）

（裏）
0.5
0.5

⑦フリルにギャザーを寄せて、身頃と縫い合わせる

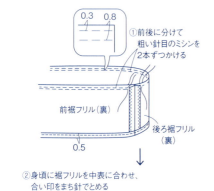

0.3　0.8

①前後に分けて
粗い針目のミシンを
2本ずつかける

前裾フリル（裏）
後ろ裾フリル（裏）
0.5

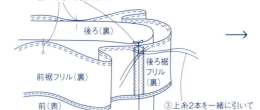

②身頃に裾フリルを中表に合わせ、
合い印をまち針でとめる

後ろ（裏）
前裾フリル（裏）
前（表）
後ろ裾
フリル
（裏）

③上糸2本を一緒に引いて
身頃のつけ寸法まで縮める

④脇を縫う

0.5

身頃（裏）

①前後を中表に
合わせてミシン

袖ぐり
身頃（裏）
③袖下を
2～3回返し縫い
②縫い代を割る

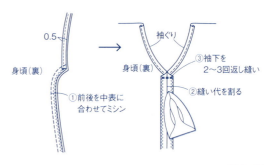

⑤縫い代にアイロン
⑥2枚一緒に
ジグザグミシン
④ミシン
裾フリル（裏）
身頃（表）

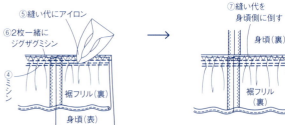

⑦縫い代を
身頃側に倒す
身頃（裏）
裾フリル
（裏）

A-5 縦フリルつきブラウス
--> p.14

●必要なパターン（実物大パターンA面）
前、前脇、後ろ
・フリルと衿ぐり用バイアステープは、
　裁合せ図で示した寸法を直接布地にしるして裁つ

●材料（100／110／120／130／140サイズ）
表布（コットン）110cm幅 1.1m／1.2m／1.2m／
　1.3m／1.3m
ゴムテープ 0.6cm幅を17cm／17.5cm／18cm／
18.5cm／19cm

●縫う前の準備
・肩、脇の縫い代に布の表面からジグザグミシンをかける
・裾、袖ぐりを出来上りにアイロンで三つ折りにする

●縫い方
①フリルを作ってギャザーを寄せ、
　前身頃の切替え線にはさむ（→p.63）
②肩を縫う。
　前後を中表に合わせて縫い、縫い代を割る（→p.59）
③衿ぐりにバイアステープをつけて、ゴムテープを通す。
　衿ぐりには半分に折ったバイアステープをつけ、
　後ろ衿ぐりにゴムテープを通したあとに前衿ぐりの
　バイアステープを縫いとめる（→p.59）
④袖ぐりを三つ折りにして縫う
⑤脇を縫う。前後を中表に合わせて縫い、縫い代を割る。
　袖下にはとめミシンをかける（→p.62）
⑥裾を三つ折りにして縫う。
　前裾、左前脇裾～後ろ裾～右前脇裾とフリルを
　縫い込まないように分けてミシンをかける

●裁合せ図

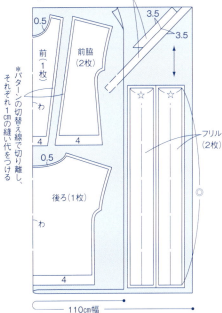

＊指定以外の縫い代は1cm
衿ぐり用バイアステープ
（はぎ合わせて長さ★を1枚）

0.5
3.5
3.5
前（1枚）
前脇（2枚）
わ
0.5
後ろ（1枚）
わ
4
フリル（2枚）
110cm幅

＊パターンの切替え線で切り離し、それぞれ1cmの縫い代をつける

★＝53.5／55／56.5／58／59.5
☆＝8／9／10／11／12
◎＝75／79／83／87／91

●縫い方順序

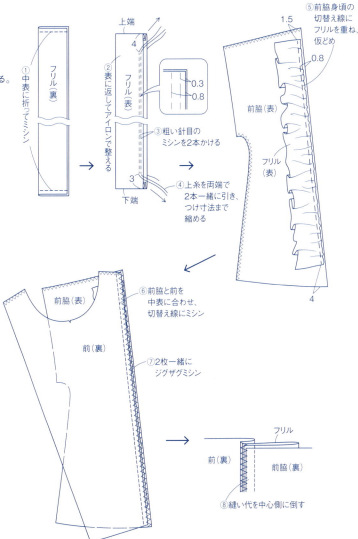

① ② ③ ④ ⑤ ⑥
0.5
0.5（裏）
（裏）
2
2

①フリルを作ってギャザーを寄せ、前身頃の切替え線にはさむ

①中表に折ってミシン
フリル（裏）

②表に返してアイロンで整える
上端
4
フリル（表）
3
下端

0.3
0.8

③粗い針目のミシンを2本かける
④上糸を両端で2本一緒に引き、つけ寸法まで縮める

⑤前脇身頃の切替え線にフリルを重ね、仮どめ
1.5
0.8
前脇（表）
フリル（表）
4

⑥前脇と前を中表に合わせ、切替え線にミシン
前脇（表）
前（裏）
⑦2枚一緒にジグザグミシン

⑧縫い代を中心側に倒す
フリル
前（裏）
前脇（裏）

63

A-4 丸衿ワンピース
--> p.12

●必要なパターン（実物大パターンA面）
前、後ろ、袖、衿、袋布
・衿ぐり用バイアステープは、裁合せ図で示した寸法を
　直接布地にしるして裁つ

●材料（100／110／120／130／140サイズ）
表布（コットン）112cm幅 1.4m／1.5m／1.6m／
　1.7m／1.8m
別布A（レース）40×20cm
別布B（コットン）40×20cm
薄手接着芯（表衿分）40×20cm
接着テープ（右前ポケット口分）1.5cm幅を15cm
ゴムテープ0.6cm幅を17cm／17.5cm／18cm／
　18.5cm／19cm

●縫う前の準備
・表衿の裏面に接着芯をはる
・右前ポケット口の縫い代裏面に接着テープをはる
・肩、脇、袖下、袋布の脇の縫い代に布の表面から
　ジグザグミシンをかける
・裾、袖口を出来上りにアイロンで三つ折りにする

●縫い方
①衿を作って身頃衿ぐりに仮どめする（→ p.65）
②肩を縫う。
　前後を中表に合わせて縫い、縫い代を割る（→ p.59）
③衿ぐりにバイアステープをつけて、ゴムテープを通す。
　衿ぐりには半分に折ったバイアステープをつけ、
　後ろ衿ぐりにゴムテープを通したあとに
　前衿ぐりのバイアステープを縫いとめる（→ p.59）
④袖を身頃につける。身頃袖ぐりに袖を中表に合わせて縫う。
　縫い代は2枚一緒にジグザグミシンで始末し、袖側に倒す
⑤袖下と脇を続けて縫って、右脇にポケットを作る（→ p.65）
⑥袖口を三つ折りにして縫う
⑦裾を三つ折りにして縫う

●裁合せ図
＊指定以外の縫い代は1cm
　▨は裏に接着芯、接着テープをはる

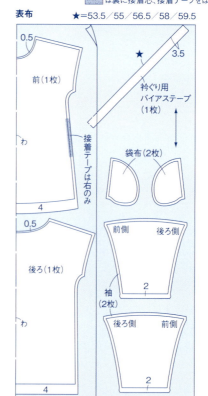

表布
★＝53.5／55／56.5／58／59.5

前（1枚）
0.5
わ
3.5
★
衿ぐり用
バイアステープ
（1枚）
接着テープは右のみ
袋布（2枚）
4
0.5
後ろ（1枚）
わ
前側　後ろ側
袖
（2枚）
2
後ろ側　前側
わ
2
4
112cm幅

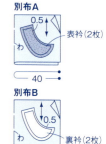

別布A
0.5
表衿（2枚）
わ
40

別布B
0.5
わ
裏衿（2枚）
40

●縫い方順序

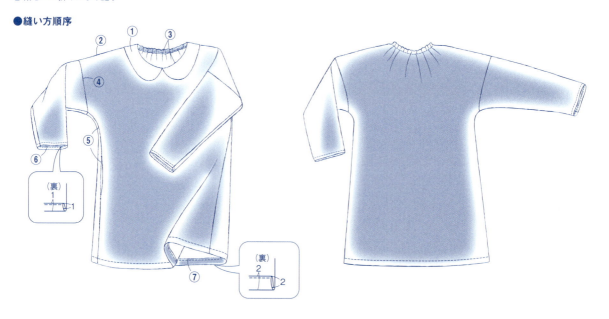

①②③④⑤⑥⑦

（裏）
1
1

（裏）
2
2

① 衿を作って身頃衿ぐりに仮どめする

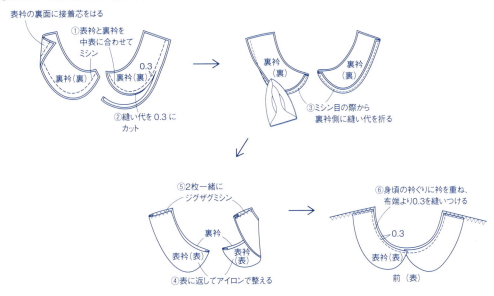

表衿の裏面に接着芯をはる

①表衿と裏衿を中表に合わせてミシン

裏衿（裏）

裏衿（裏）　0.3

②縫い代を0.3にカット

裏衿（裏）

裏衿（裏）

③ミシン目の際から裏衿側に縫い代を折る

⑤2枚一緒にジグザグミシン

裏衿

表衿（表）

表衿（表）

④表に返してアイロンで整える

⑥身頃の衿ぐりに衿を重ね、布端より0.3を縫いつける

0.3

表衿（表）

前（表）

⑤ 袖下と脇を続けて縫って、右脇にポケットを作る

ポケットは右側につける縫い方で説明していますが、
お子さんの利き手に合わせて片方に作ります。

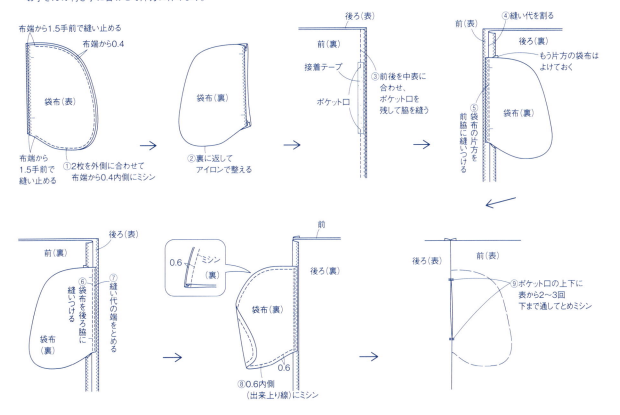

布端から1.5手前で縫い止める

布端から0.4

袋布（表）

布端から1.5手前で縫い止める

①2枚を外側に合わせて布端から0.4内側にミシン

袋布（裏）

②裏に返してアイロンで整える

後ろ（表）

前（裏）

接着テープ

ポケット口

③前後を中表に合わせ、ポケット口を残して脇を縫う

④縫い代を割る

前（表）

後ろ（裏）

もう片方の袋布はよけておく

⑤袋布の片方を前脇に縫いつける

袋布（裏）

後ろ（表）

前（裏）

⑥袋布を後ろ脇に縫いつける

⑦縫い代の端を後ろ脇にとめる

袋布（裏）

前

0.6　ミシン（裏）

袋布（裏）

後ろ（裏）

0.6

⑧0.6内側（出来上り線）にミシン

後ろ（表）

前（表）

⑨ポケット口の上下に表から2〜3回下まで通してとめミシン

袋布（裏）

A-6 幾何学柄ワンピース

--> p.15

●必要なパターン（実物大パターンA面）
前、後ろ、袖、ポケット
・衿ぐり用バイアステープは、裁合せ図で示した寸法を
　直接布地にしるして裁つ

●材料（100／110／120／130／140サイズ）
表布（コットン）106cm幅 1.4m／1.5m／1.6m／1.7m／1.8m
ゴムテープ 0.6cm幅を 17cm／17.5cm／18cm／18.5cm／19cm
綿テープ 1.5cm幅を 22cm／23cm／24cm／25cm／26cm

●縫う前の準備
・肩、脇、袖下、ポケットの縫い代に布の表面から
　ジグザグミシンをかける
・裾、袖口、ポケット口を出来上りにアイロンで三つ折りにする

●縫い方
①肩を縫う。
　前後を中表に合わせて縫い、縫い代を割る（→p.59）
②衿ぐりにバイアステープをつけて、ゴムテープを通す。
　衿ぐりには半分に折ったバイアステープをつけ、
　後ろ衿ぐりにゴムテープを通したあとに
　前衿ぐりのバイアステープを縫いとめる（→p.59）
③袖山に綿テープをはさんで、袖を身頃につける（→p.66）
④袖下と脇を続けて縫う。
　前後身頃を中表に合わせて袖下から裾まで続けて縫い、
　縫い代は割る
⑤袖口を三つ折りにして縫い、綿テープを縫いとめる（→p.66）
⑥ポケットを作ってつける。ポケット口を縫い、
　回りの縫い代を出来上りに折ってポケットを作る。
　身頃つけ位置に重ねてステッチでとめる（→p.59）
⑦裾を三つ折りにして縫う

●裁合せ図

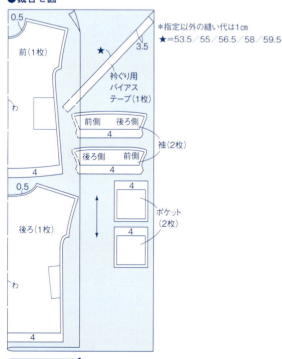

＊指定以外の縫い代は1cm
★＝53.5／55／56.5／58／59.5

0.5
前（1枚）
わ
★
3.5
衿ぐり用
バイアス
テープ（1枚）
前側　後ろ側
4
後ろ側　前側
4
袖（2枚）
4
0.5
後ろ（1枚）
わ
4
4
ポケット
（2枚）
4
106cm幅

●縫い方順序

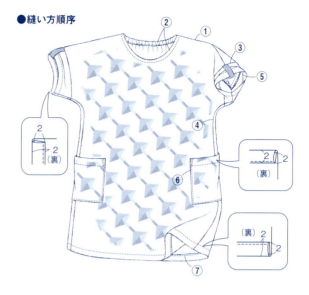

②
①
③
⑤
④
⑥
⑦
2
2（裏）
2
2（裏）
（裏）2
2

③袖山に綿テープをはさんで、袖を身頃につける

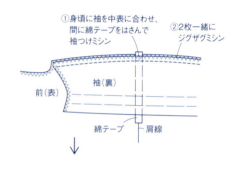

①身頃に袖を中表に合わせ、
　間に綿テープをはさんで
　袖つけミシン
②2枚一緒に
　ジグザグミシン
前（表）
袖（裏）
綿テープ
肩線

↓

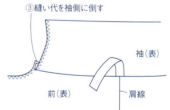

③縫い代を袖側に倒す
袖（表）
前（表）
肩線

⑤袖口を三つ折りにして縫い、綿テープを縫いとめる

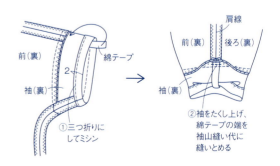

前（裏）
綿テープ
2
袖（裏）
①三つ折りに
　してミシン

→

肩線
前（裏）
後ろ（裏）
袖（裏）
②袖をたくし上げ、
　綿テープの端を
　袖山縫い代に
　縫いとめる

A-7 フリルつきトップス
--> p.16

●必要なパターン（実物大パターンA面）
前、後ろ、袖
・フリルと衿ぐり用バイアステープは、
　裁合せ図で示した寸法を直接布地にしるして裁つ

●材料（100 / 110 / 120 / 130 / 140 サイズ）
表布（麻）100cm幅 1.4m / 1.5m / 1.5m / 1.6m / 1.6m
ゴムテープ 0.6cm幅を 17cm / 17.5cm / 18cm / 18.5cm / 19cm

●縫う前の準備
・肩、脇、袖下の縫い代に布の表面から
　ジグザグミシンをかける
・裾、袖口を出来上りにアイロンで三つ折りにする

●縫い方
①肩を縫う。前後を中表に合わせて縫い、縫い代を割る（→p.59）
②衿ぐりにバイアステープをつけて、ゴムテープを通す。
　衿ぐりには半分に折ったバイアステープをつけ、
　後ろ衿ぐりにゴムテープを通したあとに前衿ぐりの
　バイアステープを縫いとめる（→p.59）
③フリルにギャザーを寄せて、袖につける（→p.67）
④袖を身頃につける。身頃袖ぐりに袖を中表に合わせて縫う。
　縫い代は2枚一緒にジグザグミシンで始末し、身頃側に倒す
⑤袖下と脇を続けて縫う。
　前後身頃を中表に合わせて袖下から裾まで続けて縫い、
　縫い代は割る
⑥袖口を折ってまつる
⑦裾を三つ折りにして縫う

●裁合せ図
＊指定以外の縫い代は1cm

★＝53.5／55／56.5／58／59.5
☆＝20.5／24／27.5／31／34.5
◎＝8／9／10／11／12

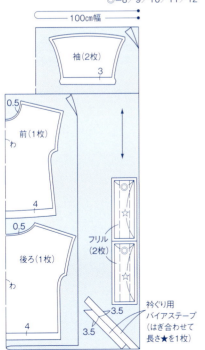

●縫い方順序

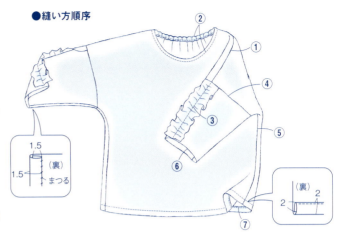

③フリルにギャザーを寄せて、袖につける

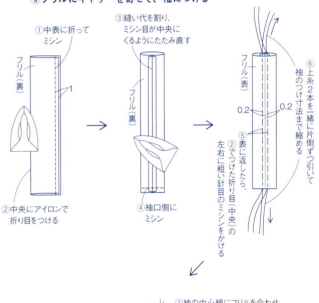

①中表に折ってミシン
②中央にアイロンで折り目をつける
③縫い代を割り、ミシン目が中央にくるようにたたみ直す
④袖口側にミシン
⑤表に返したら、②でつけた折り目（中央）の左右に粗い針目のミシンをかける
⑥上糸2本を一緒に片側ずつ引いて袖のつけ寸法まで縮める

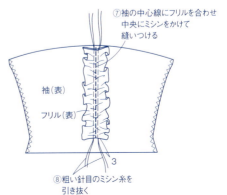

⑦袖の中心線にフリルを合わせ中央にミシンをかけて縫いつける
⑧粗い針目のミシン糸を引き抜く

B-1 赤いワンピース
--> p.21

●**必要なパターン（実物大パターンB面）**
前、後ろ、前スカート、後ろスカート、ポケット

●**材料（100 / 110 / 120 / 130 / 140 サイズ）**
表布（麻）110cm幅 1.1m / 1.2m / 1.3 m / 1.4m / 1.5m
ボタン直径1.5cmを3個
スナップ3組み

●**縫う前の準備**
・脇、ポケット回りの縫い代に布の表面から
　ジグザグミシンをかける
・裾、ポケット口を出来上りにアイロンで三つ折りにする

●**縫い方**
①表身頃と裏身頃の肩を縫う。
　それぞれの前後身頃を中表に合わせて縫い、
　縫い代を割る。
②表身頃と裏身頃を縫い合わせる（→ p.68）
③スカートの袖ぐりを縫う（→ p.69）
④スカートの脇を縫う（→ p.69）
⑤ポケットを作ってつける。
　ポケット口を縫い、回りの縫い代を出来上りに折って
　ポケットを作る。
　身頃つけ位置に重ねてステッチでとめる（→ p.59）
⑥後ろスカートにギャザーを寄せて、
　後ろ身頃と縫い合わせる（→ p.69）
⑦前スカートにギャザーを寄せて、
　前身頃と縫い合わせる（→ p.69）
⑧裾を三つ折りにして縫う
⑨ボタン、スナップをつける（→ p.72）

●**裁合せ図**
＊指定以外の縫い代は1cm

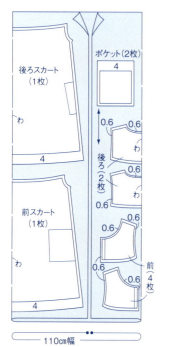

110cm幅

●**縫い方順序**

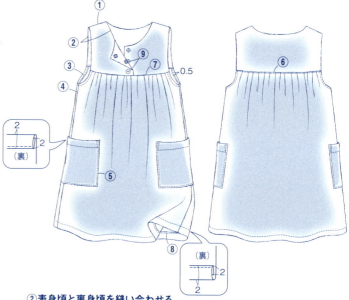

②**表身頃と裏身頃を縫い合わせる**

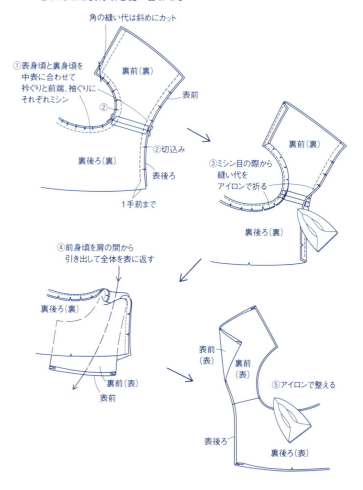

角の縫い代は斜めにカット

①表身頃と裏身頃を
中表に合わせて
衿ぐりと前端、袖ぐりに
それぞれミシン

裏前（裏）
表前
②切込み
裏後ろ（裏）
表後ろ
1手前まで

③ミシン目の際から
縫い代を
アイロンで折る
裏前（裏）
裏後ろ（裏）

④前身頃を肩の間から
引き出して全体を表に返す
裏後ろ（裏）
裏前（表）
表前

表前（表）
裏前（表）
⑤アイロムで整える
表後ろ
裏後ろ（表）

③スカートの袖ぐりを縫う

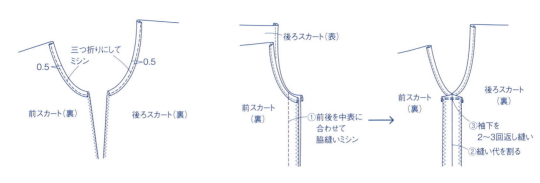

三つ折りにしてミシン

0.5

0.5

前スカート（裏）　　後ろスカート（裏）

④スカートの脇を縫う

後ろスカート（表）

前スカート（裏）

①前後を中表に合わせて脇縫いミシン

前スカート（裏）　　後ろスカート（裏）

③袖下を2〜3回返し縫い

②縫い代を割る

⑥後ろスカートにギャザーを寄せて、後ろ身頃と縫い合わせる

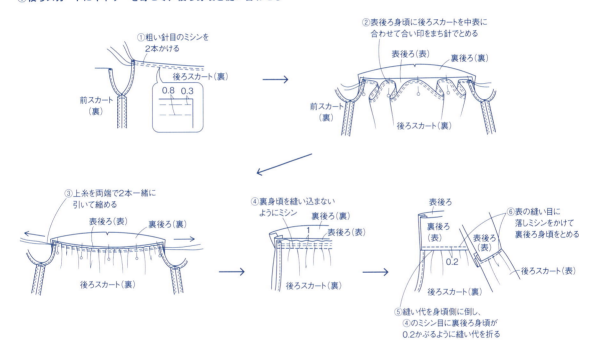

①粗い針目のミシンを2本かける

後ろスカート（裏）

前スカート（裏）

0.8　0.3

②表後ろ身頃に後ろスカートを中表に合わせて合い印をまち針でとめる

表後ろ（表）　　裏後ろ（裏）

前スカート（裏）

後ろスカート（裏）

③上糸を両端で2本一緒に引いて縮める

表後ろ（表）　　裏後ろ（裏）

後ろスカート（裏）

④裏身頃を縫い込まないようにミシン

裏後ろ（裏）

1

表後ろ（表）

後ろスカート（裏）

表後ろ

裏後ろ（表）

表後ろ（表）

0.2

後ろスカート（表）

⑥表の縫い目に落しミシンをかけて裏後ろ身頃をとめる

⑤縫い代を身頃側に倒し、④のミシン目に裏後ろ身頃が0.2かぶるように縫い代を折る

後ろスカート（裏）

⑦前スカートにギャザーを寄せて、前身頃と縫い合わせる

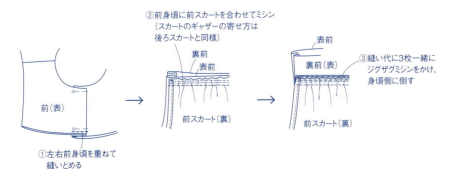

前（表）

①左右前身頃を重ねて縫いとめる

②前身頃に前スカートを合わせてミシン（スカートのギャザーの寄せ方は後ろスカートと同様）

裏前
表前

前スカート（裏）

表前

裏前（表）

③縫い代に3枚一緒にジグザグミシンをかけ、身頃側に倒す

前スカート（裏）

B-2　パイピングワンピース
--> p.22

●必要なパターン（実物大パターンB面）
前、後ろ、前スカート、後ろスカート、ポケット

●材料（100／110／120／130／140サイズ）
表布（綿麻）110cm幅 1.1m／1.2m／1.3 m／1.4m／1.5m
縁とり用バイアステープ11mm幅 2.6m／2.7m／2.8 m／
　2.9m／3m

●縫う前の準備
・脇、ポケット回りの縫い代に表面からジグザグミシンをかける
・裾を出来上りにアイロンで三つ折りにする

●縫い方
①スカートの脇を縫う。
　前後を中表に合わせて縫い、縫い代を割る
②ポケットを作ってつける（→ p.70）
③後ろスカートにギャザーを寄せて（→ p.69 ①）、
　後ろ身頃と縫い合わせる。
　縫い代はジグザグミシンをかけて、身頃側に倒す
④前スカートにギャザーを寄せて、前身頃と縫い合わせる。
　縫い代はジグザグミシンをかけて、身頃側に倒す
⑤袖ぐりと衿ぐりを縁とり用バイアステープで
　始末する（→ p.70）
⑥裾を三つ折りにして縫う

●裁合せ図
＊指定以外の縫い代は1cm
　0の部分はパターンの出来上り線を
　使用する

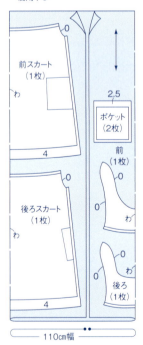

前スカート
（1枚）

わ

2.5

ポケット
（2枚）

4

前
（1枚）

後ろスカート
（1枚）

わ

0

わ

0

わ

後ろ
（1枚）

4

110cm幅

●縫い方順序

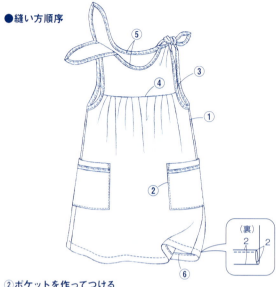

（裏）
2
2

②ポケットを作ってつける

①ポケット上布端を縁とり用
バイアステープではさみ
まち針でとめる

②折り代を
ポケット口
から表面に
折る

ポケット（裏）

③下まで通して
ミシン

2.5

ポケット（表）

④回りの縫い代を折る

縫始め

⑤ステッチ

ポケット（表）

後ろ
スカート（表）

前スカート（表）

⑤袖ぐりと衿ぐりを縁とり用バイアステープで始末する

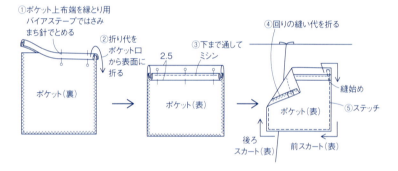

縁とり用バイアステープ

開く

11mm →

前（表）

①身頃の袖ぐりと衿ぐりの
布端に開いたテープの
中央を合わせてまち針でとめる
テープは伸ばさないようにする

前スカート（表）

脇

角は形に合わせて
テープをたたんでつける

②テープで布端をくるんで
まち針をとめ直す

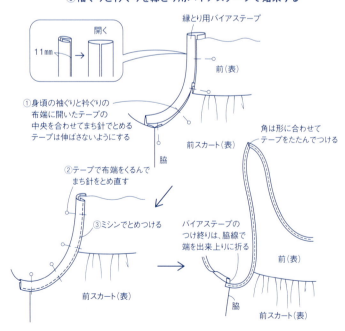

③ミシンでとめつける

バイアステープの
つけ終りは、脇線で
端を出来上りに折る

前（表）

前スカート（表）

脇

前（表）

前スカート（表）

B-3 肩リボン結びチュニック
--> p.24

●必要なパターン（実物大パターンB面）
前、後ろ、前スカート、後ろスカート

●材料（100／110／120／130／140サイズ）
表布（コットン）110cm幅 1.1m／1.2m／1.2m／1.3m／1.4m

●縫う前の準備
・脇の縫い代に布の表面からジグザグミシンをかける
・裾を出来上りにアイロンで三つ折りにする

●縫い方
①表身頃と裏身頃を縫い合わせる（→p.71）
②スカートの袖ぐりを縫う。
　アイロンで縫い代を0.5cm幅の三つ折りにして縫う（→p.69）
③スカートの脇を縫う。
　前後を中表に合わせて縫い、縫い代を割る。
　袖下にとめミシンをかける（→p.69）
④後ろスカートにギャザーを寄せて、
　後ろ身頃と縫い合わせる（→p.69＋p.71）
⑤前スカートにギャザーを寄せて、
　前身頃と縫い合わせる（→p.71）
⑥裾を三つ折りにして縫う

●裁合せ図
＊指定以外の縫い代は1cm

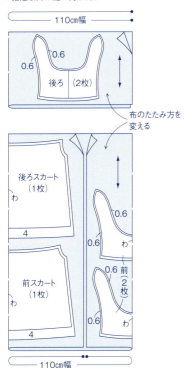

●縫い方順序

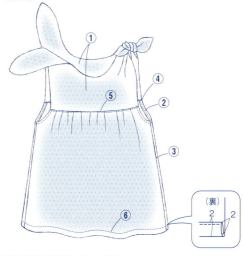

①表身頃と裏身頃を縫い合わせる

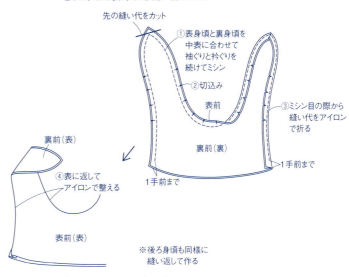

先の縫い代をカット

①表身頃と裏身頃を
中表に合わせて
袖ぐりと衿ぐりを
続けてミシン

②切込み

③ミシン目の際から
縫い代をアイロン
で折る

④表に返して
アイロムで整える

裏前（表）

表前（表）

※後ろ身頃も同様に
縫い返して作る

④後ろスカートにギャザーを寄せて、後ろ身頃と縫い合わせる
⑤前スカートにギャザーを寄せて、前身頃と縫い合わせる

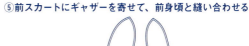

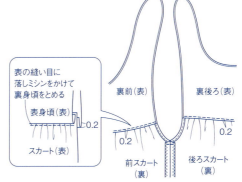

表の縫い目に
落しミシンをかけて
裏身頃をとめる

表身頃（表）

スカート（表）

裏前（表）　　裏後ろ（表）

前スカート（裏）　　後ろスカート（裏）

※前後身頃ともスカートの縫合せ方は
p.69「⑥後ろスカートにギャザーを寄せて、後ろ身頃と縫い合わせる」を参照

B-4 フリル袖の花柄ワンピース
--> p.25

●必要なパターン（実物大パターンB面）
前、後ろ、前スカート、後ろスカート、フリル、袋布

●材料（100／110／120／130／140サイズ）
表布（綿ローン）110cm幅 1.3m／1.4m／1.5m／
　1.6m／1.7m
接着テープ（右前ポケット口分）1.5cm幅を15cm
ボタン直径1.1cmを3個
スナップ3組み

●縫う前の準備
・右前ポケット口の縫い代裏面に接着テープをはる
・脇、袋布の脇の縫い代に布の表面からジグザグミシンをかける
・裾を出来上りにアイロンで三つ折りにする

●縫い方
①表身頃と裏身頃の肩を縫う。
　それぞれの前後身頃を中表に合わせて縫い、縫い代を割る
②フリルを作ってギャザーを寄せ、表身頃に仮どめする（→ p.72）
③表身頃と裏身頃を縫い合わせる（→ p.68）
④スカートの袖ぐりを縫う（→ p.69）
⑤スカートの脇を縫って、右脇にポケットを作る（→ p.65）
⑥後ろスカートにギャザーを寄せて、
　後ろ身頃と縫い合わせる（→ p.69）
⑦前スカートにギャザーを寄せて、前身頃と縫い合わせる（→ p.69）
⑧裾を三つ折りにして縫う
⑨ボタン、スナップをつける（→ p.72）

●裁合せ図
※指定以外の縫い代は1cm
　▨は裏に接着テープをはる

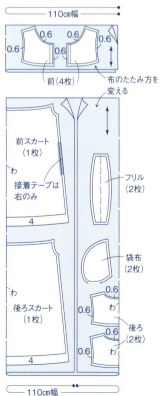

●縫い方順序

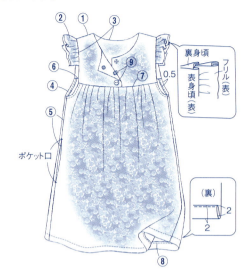

②フリルを作ってギャザーを寄せ、表身頃に仮どめする

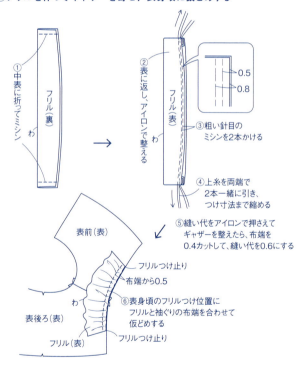

①中表に折ってミシン

②表に返し、アイロンで整える

③粗い針目のミシンを2本かける

④上糸を両端で2本一緒に引き、つけ寸法まで縮める

⑤縫い代をアイロンで押さえてギャザーを整えたら、布端を0.4カットして、縫い代を0.6にする

⑥表身頃のフリルつけ位置にフリルと袖ぐりの布端を合わせて仮どめする

⑨ボタン、スナップをつける

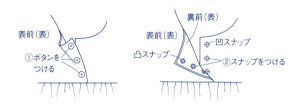

①ボタンをつける

凸スナップ　凹スナップ

②スナップをつける

C-3 ヒッコリーパンツ
--> p.31

●必要なパターン（実物大パターンC面）
前パンツ、後ろパンツ、前ベルト、後ろベルト、
脇布、袋布、ポケット

●材料（100／110／120／130／140 サイズ）
表布（ヒッコリーデニム）112cm幅 1.1m／1.2m／1.4 m／
　1.6m／1.7m
別布（コットン）40×25cm
接着テープ（前ポケット口分）1.5cm幅を30cm
ゴムテープ 3cm幅を19cm／21cm／23cm／25cm／27cm

●縫い方
①後ろダーツを縫う（→p.73）
②後ろポケットを作ってつける。
　ポケット口を縫い、回りの縫い代を
　出来上りに折ってポケットを作る。
　後ろパンツつけ位置に重ねてステッチでとめる（→p.59）
③前ポケットを作る（→p.74）
④前タックをたたむ（→p.74）
⑤脇を縫う（→p.74）
⑥股下を縫う（→p.74）
⑦裾を三つ折りにして縫う（→p.75）
⑧股上を前後続けて縫う（→p.75）
⑨ベルトの脇を縫う（→p.75）
⑩ベルトをパンツにつけ、ゴムテープを通す（→p.75）

●裁合せ図
※指定以外の縫い代は1cm
▨は裏に接着テープをはる

表布

前パンツ
（2枚）

前ベルト
（1枚）

後ろベルト
（1枚）

4

ポケット
（2枚）

5

脇布
（2枚）

後ろパンツ
（2枚）

4

← 112cm幅 →

別布

袋布
（2枚）

← 40 →

●縫う前の準備

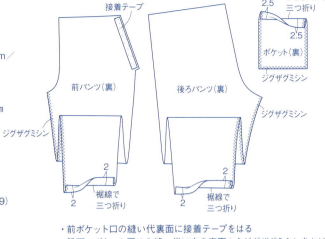

接着テープ

前パンツ（裏）

ジグザグミシン

後ろパンツ（裏）

ジグザグミシン

2

2
裾線で
三つ折り

2

2
裾線で
三つ折り

ポケット口で
三つ折り
2.5

2.5

ポケット（裏）

ジグザグミシン

・前ポケット口の縫い代裏面に接着テープをはる
・股下、ポケット回りの縫い代に布の表面からジグザグミシンをかける
・裾、ポケット口を出来上りにアイロンで三つ折りにする

●縫い方順序

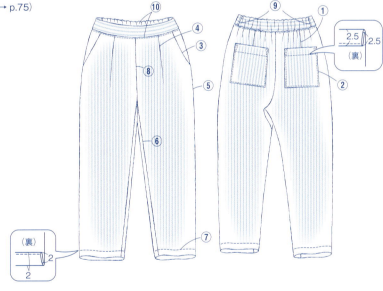

⑩ ④ ③ ⑧ ⑤ ⑥ ⑦

⑨ ① ②

2.5　2.5
（裏）

（裏）
2
2

①後ろダーツを縫う

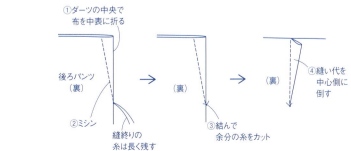

①ダーツの中央で
布を中表に折る

後ろパンツ
（裏）

②ミシン

縫終りの
糸は長く残す

（裏）

③結んで
余分の糸をカット

（裏）

④縫い代を
中心側に
倒す

③前ポケットを作る

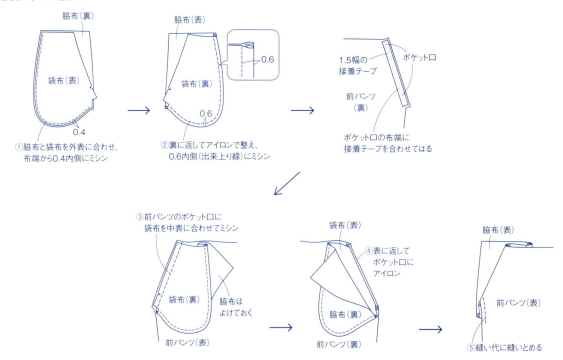

脇布（裏）

脇布（表）

0.6

袋布（表）

袋布（裏）

0.4

0.6

①脇布と袋布を外表に合わせ、布端から0.4内側にミシン

②裏に返してアイロンで整え、0.6内側（出来上り線）にミシン

1.5幅の接着テープ

ポケット口

前パンツ（裏）

ポケット口の布端に接着テープを合わせてはる

③前パンツのポケット口に袋布を中表に合わせてミシン

袋布（裏）

脇布はよけておく

前パンツ（表）

袋布（表）

④表に返してポケット口にアイロン

脇布（裏）

前パンツ（裏）

脇布（表）

前パンツ（表）

⑤縫い代に縫いとめる

④前タックをたたむ

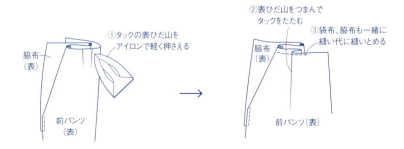

脇布（表）

①タックの表ひだ山をアイロンで軽く押さえる

前パンツ（表）

②表ひだ山をつまんでタックをたたむ

③袋布、脇布も一緒に縫い代に縫いとめる

脇布（表）

前パンツ（表）

⑤脇を縫う

後ろパンツ（表）

脇布（裏）

①前後を中表に合わせて脇を縫う

前パンツ（裏）

脇布（裏）

②縫い代は2枚一緒にジグザグミシンをかけて、後ろ側に倒す

前パンツ（裏）

後ろパンツ（裏）

⑥股下を縫う

後ろパンツ（表）

脇布（裏）

①前後を中表に合わせて股下を縫う

前パンツ（裏）

②縫い代を割る

⑦**裾を三つ折りにして縫う**
⑧**股上を前後続けて縫う**

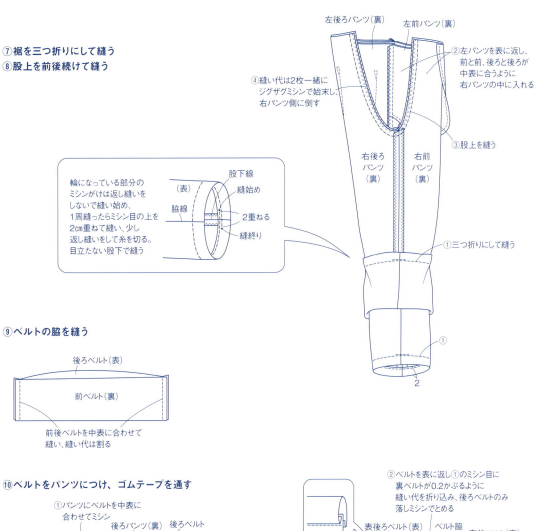

輪になっている部分の
ミシンがけは返し縫いを
しないで縫い始め、
1周縫ったらミシン目の上を
2cm重ねて縫い、少し
返し縫いをして糸を切る。
目立たない股下で縫う

（表）　股下線
脇線　縫始め
2重ねる
縫終り

左後ろパンツ（裏）　左前パンツ（裏）

②左パンツを表に返し、
前と前、後ろと後ろが
中表に合うように
右パンツの中に入れる

④縫い代は2枚一緒に
ジグザグミシンで始末し、
右パンツ側に倒す

右後ろ
パンツ
（裏）

右前
パンツ
（裏）

③股上を縫う

①三つ折りにして縫う

①

2

⑨**ベルトの脇を縫う**

後ろベルト（表）

前ベルト（裏）

前後ベルトを中表に合わせて
縫い、縫い代は割る

⑩**ベルトをパンツにつけ、ゴムテープを通す**

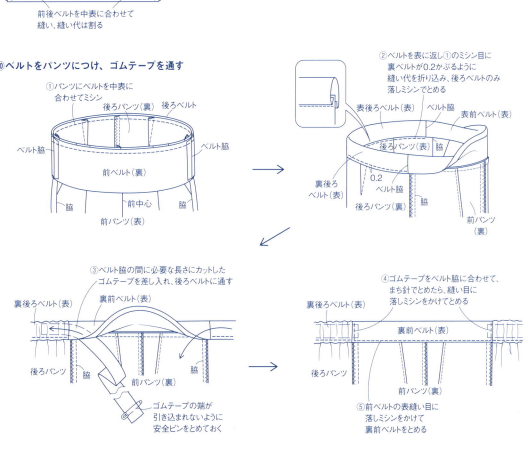

①パンツにベルトを中表に
合わせてミシン

後ろパンツ（裏）　後ろベルト

ベルト脇　ベルト脇

前ベルト（裏）

脇　前中心　脇

前パンツ（表）

②ベルトを表に返し①のミシン目に
裏ベルトが0.2かぶるように
縫い代を折り込み、後ろベルトのみ
落しミシンでとめる

表後ろベルト（表）　ベルト脇　表前ベルト（表）

後ろパンツ（表）　脇

裏後ろ
ベルト（表）

0.2
ベルト脇

後ろパンツ（裏）　脇

前パンツ
（裏）

③ベルト脇の間に必要な長さにカットした
ゴムテープを差し入れ、後ろベルトに通す

裏後ろベルト（表）　裏前ベルト（表）

後ろパンツ　脇　前パンツ（裏）　脇

ゴムテープの端が
引き込まれないように
安全ピンをとめておく

④ゴムテープをベルト脇に合わせて、
まち針でとめたら、縫い目に
落しミシンをかけてとめる

裏後ろベルト（表）

裏前ベルト（表）

後ろパンツ　前パンツ（裏）

⑤前ベルトの表縫い目に
落しミシンをかけて
裏前ベルトをとめる

C-2 オールインワン

--> p.30

●必要なパターン（実物大パターンC面）
前パンツ、後ろパンツ、脇布、袋布、ポケット
・前、後ろ、肩ひもは裁合せ図で示した寸法を
　直接布地にしるして裁つ

●材料（100／110／120／130／140サイズ）
表布（綿ローン）110cm幅1.3m／1.5m／1.6m／1.8m／1.9m
別布（コットン）40×25cm
接着テープ（前ポケット口分）1.5cm幅を30cm
ゴムテープ0.6cm幅を45cm／48cm／51cm／54cm／57cm（身頃
　上端分）、19cm／21cm／23cm／25cm／27cm（後ろウエスト分）、
　42cm／44cm／46cm／48cm／50cm（肩ひも分）

●縫う前の準備（→ p.73）
・前ポケット口の縫い代裏面に接着テープをはる
・身頃の脇、股下、ポケット回りの縫い代に布の表面から
　ジグザグミシンをかける
・身頃上端、裾、ポケット口を出来上りにアイロンで三つ折りにする

●縫い方
①後ろダーツを縫う（→ p.73）
②後ろポケットを作ってつける。ポケット口を縫い、回りの縫い代を
　出来上りに折ってポケットを作る。後ろパンツのつけ位置に重ねて
　ステッチでとめる（→ p.59）
③前ポケットを作る（→ p.74）　④前タックをたたむ（→ p.74）
⑤脇を縫う（→ p.74）　⑥股下を縫う（→ p.74）
⑦裾を三つ折りにして縫う（→ p.75）
⑧股上を前後続けて縫う（→ p.75）　⑨身頃の脇を縫う（→ p.76）
⑩身頃上端を縫い、ゴムテープを通す（→ p.76）
⑪肩ひもを作ってつける（→ p.77）
⑫身頃とパンツを縫い合わせる（→ p.77）
⑬後ろウエストにゴムテープを縫いつける（→ p.77）

●裁合せ図

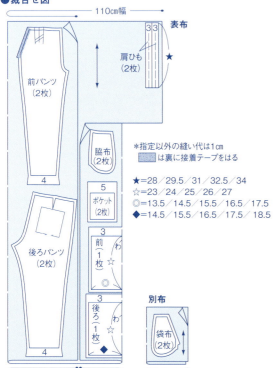

＊指定以外の縫い代は1cm
（網かけ）は裏に接着テープをはる

★＝28／29.5／31／32.5／34
☆＝23／24／25／26／27
◎＝13.5／14.5／15.5／16.5／17.5
◆＝14.5／15.5／16.5／17.5／18.5

●縫い方順序

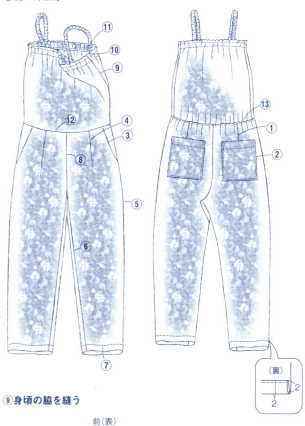

⑨身頃の脇を縫う

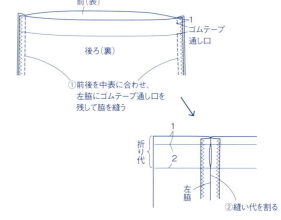

前（表）
後ろ（裏）
ゴムテープ通し口
①前後を中表に合わせ、
　左脇にゴムテープ通し口を
　残して脇を縫う

折り代
左脇
②縫い代を割る

⑩身頃上端を縫い、ゴムテープを通す

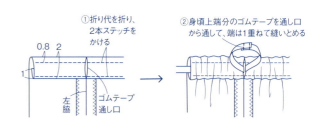

①折り代を折り、
　2本ステッチを
　かける
0.8　2
左脇
ゴムテープ通し口

②身頃上端分のゴムテープを通し口
　から通して、端は1重ねて縫いとめる

⑪肩ひもを作ってつける

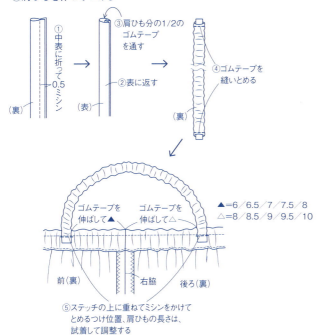

①中表に折って0.5ミシン

②表に返す

③肩ひも分の1/2のゴムテープを通す

④ゴムテープを縫いとめる

(裏)
(表)
(裏)

ゴムテープを
伸ばして▲

ゴムテープを
伸ばして△

▲=6／6.5／7／7.5／8
△=8／8.5／9／9.5／10

前(裏)　右脇　後ろ(裏)

⑤ステッチの上に重ねてミシンをかけてとめるつけ位置、肩ひもの長さは、試着して調整する

⑫身頃とパンツを縫い合わせる

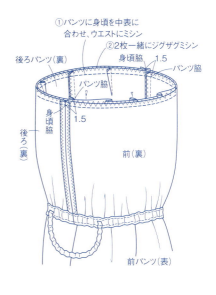

①パンツに身頃を中表に合わせ、ウエストにミシン

②2枚一緒にジグザグミシン

身頃脇　1.5

パンツ脇

後ろパンツ(裏)

パンツ脇

身頃脇　1.5

後ろ(裏)

前(裏)

前パンツ(表)

⑬後ろウエストにゴムテープを縫いつける

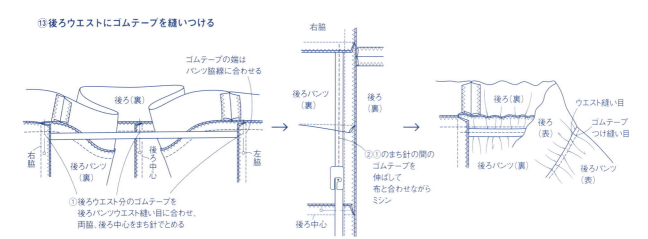

後ろ(裏)

ゴムテープの端はパンツ脇線に合わせる

右脇

後ろパンツ(裏)

後ろ中心

左脇

①後ろウエスト分のゴムテープを後ろパンツウエスト縫い目に合わせ、両脇、後ろ中心をまち針でとめる

右脇

後ろパンツ(裏)

後ろ(裏)

後ろ中心

②①のまち針の間のゴムテープを伸ばして布と合わせながらミシン

後ろ(裏)

後ろ(表)

後ろパンツ(裏)

後ろパンツ(表)

ウエスト縫い目

ゴムテープつけ縫い目

なるほどPOINT

縫い代つきパターンの作り方

付録の縫い代つきパターンは、実物大パターンの出来上りの線（細い点線）に、縫うために必要な縫い代（裁合せ図に書かれている寸法）をつけてあります。この縫い代線は出来上り線と平行に引きますが、パーツの角の部分や、袖口や裾の折り代はそのまま延長するだけだと縫い代が足りなくなる場合があるので、縫い代のつけ方には注意が必要です。自分で作る場合は、縫い代幅より少し大きく紙をカットして、ポイントになる箇所を出来上りに折って縫い代線をカットするといいでしょう。

裾や袖口の場合

実物大パターンの線

①縫い代線を出来上り線に平行に引く

折り代

③①の縫い代線をカット

②折り代を出来上りに折る

C-1 折返しショートパンツ
--> p.29

●必要なパターン（実物大パターンC面）
前パンツ、後ろパンツ、前ベルト、後ろベルト、脇布、
　袋布、ポケット

●材料（100／110／120／130／140サイズ）
表布（ダンガリーコットン）112cm幅80cm／80cm／
　90cm／90cm／1m
別布（コットン）40×25cm
接着テープ（前ポケット口分）1.5cm幅を30cm
ゴムテープ3cm幅を19cm／21cm／23cm／25cm／27cm

●縫う前の準備（→ p.73）
・前ポケット口の縫い代裏面に接着テープをはる
・股下、ポケット回りの縫い代に布の表面から
　ジグザグミシンをかける
・裾、ポケット口を出来上りにアイロンで三つ折りにする

●縫い方
①後ろダーツを縫う（→ p.73）
②後ろポケットを作ってつける（→ p.59）
③前ポケットを作る（→ p.74）
④前タックをたたむ（→ p.74）
⑤脇を縫う（→ p.74）
⑥股下を縫う（→ p.74）
⑦裾を折って縫い、折返し分をたたむ（→ p.78）
⑧股上を前後続けて縫う（→ p.75）
⑨ベルトの脇を縫う（→ p.75）
⑩ベルトをパンツにつけ、ゴムテープを通す（→ p.75）

●裁合せ図

＊指定以外の縫い代は1cm
▨▨ は裏に接着テープをはる

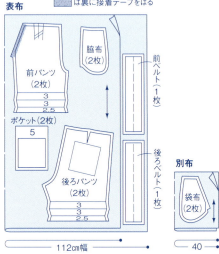

表布

前パンツ（2枚）
3
3
2.5
脇布（2枚）
前ベルト（1枚）
ポケット（2枚）
5
後ろパンツ（2枚）
3
3
2.5
後ろベルト（1枚）
— 112cm幅 —

別布
袋布（2枚）
— 40 —

●縫い方順序

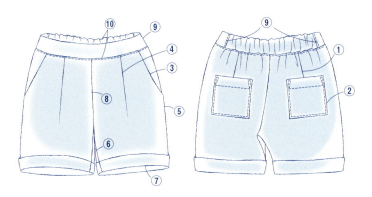
⑩ ⑨ ④ ③ ⑧ ⑤ ⑥ ⑦

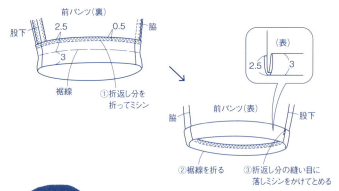
⑨ ① ②

⑦裾を折って縫い、折返し分をたたむ

前パンツ（裏）
股下　2.5　0.5　脇
3
裾線
①折返し分を
折ってミシン

（表）
2.5　3

前パンツ（表）
脇　股下
②裾線を折る
③折返し分の縫い目に
落しミシンをかけてとめる

なるほど
POINT

出来上り線がなくても上手に ミシンをかける方法

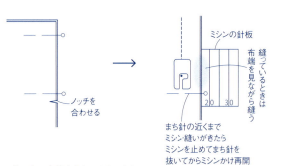

ノッチを
合わせる

ミシンの針板
縫っているときは布端を見ながら縫う
2.0　3.0

まち針の近くまで
ミシン縫いがきたら
ミシンを止めてまち針を
抜いてからミシンかけ再開

2枚の布の布端を合わせたら、まち
針を外側から内側に向けて刺し、1
針すくってとめます。とめる位置は縫
い合わせる上下2か所、合い印のノッ
チ、その間の順でまち針でとめてお
きます。

ミシンに布を置いて、布端の位置を
ミシンの針板についている目盛り（縫
い代幅の数字）に合わせてミシンを
かけます。

C-4 サロペットパンツ

--> p.32

●必要なパターン（実物大パターンC面）
前パンツ、後ろパンツ、胸当て、前ベルト、
後ろベルト、脇布、袋布、ポケット
・サスペンダーは裁合せ図で示した寸法を直接布地にしるして裁つ

●材料（100／110／120／130／140サイズ）
表布（細畝コーデュロイ）142cm幅 1.1m／1.2m／
　1.2m／1.3m／1.4m
別布（コットン）40×25cm
接着テープ（前ポケット口分）1.5cm幅を30cm
ゴムテープ3cm幅 19cm／21cm／23cm／25cm／27cm
ボタン直径1.5cmを2個 丸ゴムひも6cm

●縫う前の準備（→ p.73）
・前ポケット口の縫い代裏面に接着テープをはる
・股下、ポケット回りの縫い代に布の表面から
　ジグザグミシンをかける
・裾、ポケット口を出来上りにアイロンで
　三つ折りにする

●縫い方
① 後ろダーツを縫う（→ p.73）
② 後ろポケットを作ってつける（→ p.59）
③ 前ポケットを作る（→ p.74）
④ 前タックをたたむ（→ p.74）
⑤ 脇を縫う（→ p.74）
⑥ 股下を縫う（→ p.74）
⑦ 裾を三つ折りにして縫う
⑧ 股上を前後続けて縫う（→ p.75）
⑨ サスペンダーを作る。
　中表に合わせて縫い、表に返してステッチをかける
⑩ 胸当てを作って、前ベルトをつける（→ p.79）
⑪ ベルトの脇を縫う。表裏前ベルトを広げ、
　後ろベルトと中表に合わせて縫い、縫い代を割る
⑫ ベルトをパンツにつけ、ゴムテープを通す（→ p.75）
⑬ 丸ゴムひもとボタンをつける（→ p.79）

●縫い方順序

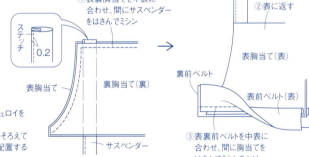

●裁合せ図

表布

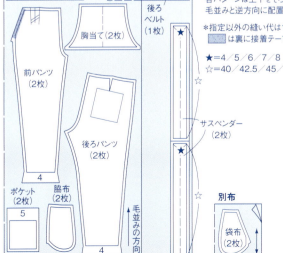

＊毛並みのあるコーデュロイを
　使用しているので、
　各パターンは上下をそろえて
　毛並みと逆方向に配置する

＊指定以外の縫い代は1cm
　□は裏に接着テープをはる

★＝4／5／6／7／8
☆＝40／42.5／45／47.5／50

⑩胸当てを作って、前ベルトをつける

①表裏胸当てを中表に
合わせ、間にサスペンダー
をはさんでミシン

ステッチ 0.2

表胸当て
裏胸当て（裏）
サスペンダー

②表に返す

表胸当て（表）
裏前ベルト

③表裏前ベルトを中表に
合わせ、間に胸当てを
はさんでミシンをかけ
表に返す

表前ベルト（表）

⑬丸ゴムひもとボタンをつける

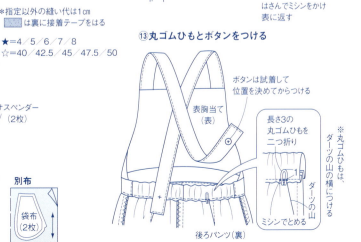

ボタンは試着して
位置を決めてからつける

表胸当て（表）

長さ3の
丸ゴムひもを
二つ折り

※丸ゴムひもは、
ダーツの山の横につける

ダーツの山

ミシンでとめる

後ろパンツ（裏）

C-5 かぼちゃパンツ

--> p.34

●必要なパターン（実物大パターン B、C 面）

前パンツ、後ろパンツ、前ベルト、後ろベルト、脇布、
袋布、ポケット
・裾口縁とり布は裁合せ図で示した寸法を
直接布地にしるして裁つ

●材料（100 ／ 110 ／ 120 ／ 130 ／ 140 サイズ）

表布（コットン）112cm幅 70cm／ 70cm／ 80cm／
90cm／ 90cm
別布（コットン）40×25cm
パイピングテープ 0.8cm幅を 1.9m／ 2m／ 2.1m／
2.2m／ 2.3m
接着テープ（前ポケット口分）1.5cm幅を 30cm
ゴムテープ 3cm幅を 19cm／ 21cm／ 23cm／
25cm／ 27cm

●縫う前の準備（→ p.73）

・前ポケット口の縫い代裏面に接着テープをはる
・股下、ポケット回りの縫い代に布の表面から
ジグザグミシンをかける

●縫い方

①後ろダーツを縫う（→ p.73）
②後ろポケットを作ってつける。
ポケット口を表面に三つ折りにしてパイピングテープを
はさんで縫い、回りの縫い代を出来上りに折って
ポケットを作る。
後ろパンツのつけ位置に重ねてステッチでとめる（→ p.59）
③前ポケットを作る（→ p.74）。③の前に
パイピングテープを袋布のポケット口に仮どめする）
④前タックをたたむ（→ p.74）
⑤脇を縫う（→ p.74）
⑥股下を縫う（→ p.74）
⑦裾口にギャザーを寄せて、縁とり布でくるむ（→ p.80）
⑧股上を前後続けて縫う（→ p.75）
⑨ベルトの脇を縫う（→ p.75）
⑩ベルトをパンツにつけ、ゴムテープを通す。
ベルトは縫いつけ側にパイピングテープを仮どめし、
パンツと縫い合わせる（→ p.75）

●裁合せ図

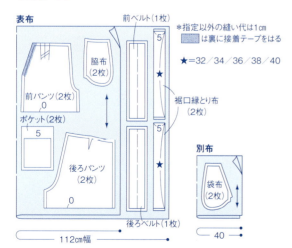

●縫い方順序

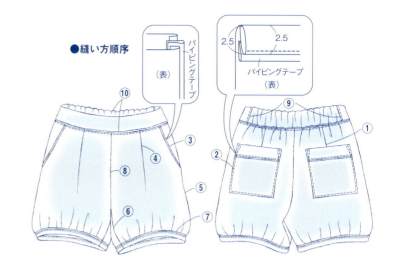

⑦裾口にギャザーを寄せて、縁とり布でくるむ

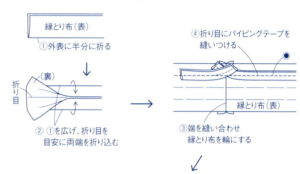

①外表に半分に折る

②①を広げ、折り目を
目安に両端を折り込む

④折り目にパイピングテープを
縫いつける

③端を縫い合わせ
縁とり布を輪にする

⑤粗い針目のミシンを2本かけ、
縁とり布寸法まで、糸を引いて縮める

0.3
0.8
後ろパンツ（裏）
股下　前パンツ（表）　脇

⑥パンツと縁とり布の
布端を中表に合わせ、
④の縫い目の上にミシン

後ろパンツ（裏）
縁とり布（裏）
前パンツ（表）

⑦布端を縁とり布でくるみ、
ステッチをかけて縫いとめる

パイピングテープ
（裏）
パンツ（表）

C-6 カラフルオーバーパンツ
--> p.36

●必要なパターン（実物大パターンB面）
前パンツ、後ろパンツ
・前後ベルトは裁合せ図で示した寸法を
　直接布地にしるして裁つ

●材料（100／110／120／130／140サイズ）
表布A、表布B（コットン）106cm幅を各30cm／40cm／
　40cm／40cm／40cm
表布C（コットン）106cm幅10cm
ゴムテープ0.6cm幅を45cm／49cm／53cm／57cm／
　61cm（ウエスト分）、66cm／70cm／74cm／76cm／
　80cm（裾口分）

●裁ち方ポイント
左右パンツの色分けを間違えないようにするために、
パターンは表布A、Bを外表に重ね合わせてから
配置する

●縫う前の準備
・股下の縫い代に布の表面からジグザグミシンをかける
・裾を出来上りにアイロンで三つ折りにする

●縫い方
①脇を縫う。前後を中表に合わせて縫い、
　縫い代は後ろ側に倒す（→p.74）
②股下を縫う（→p.81）
③裾を三つ折りにして縫い、ゴムテープを通す（→p.81）
④股上を前後続けて縫う。
　左右パンツを中表に合わせて縫い、
　縫い代は右パンツ側に倒す（→p.75）
⑤ベルトの脇を縫う（→p.81）
⑥ベルトをパンツにつけ、ゴムテープを通す（→p.81）

●裁合せ図

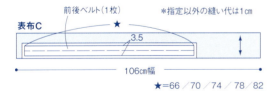

前後ベルト（1枚）　　＊指定以外の縫い代は1cm

表布C

3.5

106cm幅

★=66／70／74／78／82

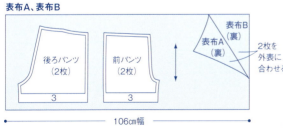

表布A、表布B

後ろパンツ（2枚）　3

前パンツ（2枚）　3

表布B（裏）
表布A（裏）
2枚を外表に合わせる

106cm幅

●縫い方順序

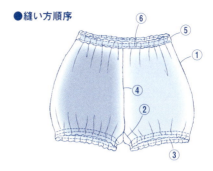

⑥ ⑤ ① ④ ② ③

②股下を縫う

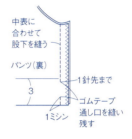

中表に合わせて股下を縫う
パンツ（裏）
3
1針先まで
1ミシン
ゴムテープ通し口を縫い残す

③裾を三つ折りにして縫い、ゴムテープを通す

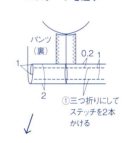

パンツ（裏）
0.2　1
1
2
①三つ折りにしてステッチを2本かける

パンツ（裏）
②通し口から裾口分1/2のゴムテープを通し、端を1重ねて縫いとめる

⑤ベルトの脇を縫う

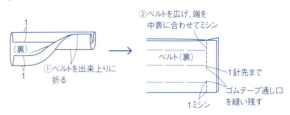

1
（裏）
1
①ベルトを出来上りに折る

②ベルトを広げ、端を中表に合わせてミシン
ベルト（裏）
1針先まで
ゴムテープ通し口を縫い残す
1ミシン

⑥ベルトをパンツにつけ、ゴムテープを通す

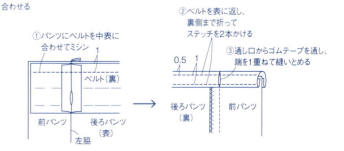

①パンツにベルトを中表に合わせてミシン
1
ベルト（裏）
前パンツ　後ろパンツ（裏）
左脇

②ベルトを表に返し、裏側まで折ってステッチを2本かける
③通し口からゴムテープを通し、端を1重ねて縫いとめる
0.5　1
後ろパンツ（裏）　前パンツ

C-7 スカートつきショートパンツ

--> p.37

●必要なパターン（実物大パターンC面）

前パンツ、後ろパンツ、オーバースカート、前ベルト、
　後ろベルト、脇布、袋布
・オーバースカートは実物大パターンもあるが
　裁合せ図で示した寸法を直接布地にしるして裁ってもいい

●材料（100／110／120／130／140 サイズ）

表布（麻）110cm幅90cm／1m／1m／1.1m／1.2m
別布（コットン）40×25cm
接着テープ（前ポケット口分）1.5cm幅を30cm
ゴムテープ 3cm幅を19cm／21cm／23cm／25cm／27cm
リボン飾り1個

●縫う前の準備（→ p.73）

・前ポケット口の縫い代裏面に接着テープをはる
・股下、オーバースカートの脇の縫い代に
　布の表面からジグザグミシンをかける
・パンツの裾、オーバースカートの裾を出来上りに
　アイロンで三つ折りにする

●縫い方

①後ろダーツを縫う（→ p.73）
②前ポケットを作る（→ p.74）
③前タックをたたむ（→ p.74）
④パンツの脇を縫う（→ p.74）
⑤股下を縫う（→ p.74）
⑥裾を三つ折りにして縫う
⑦股上を前後続けて縫う（→ p.75）
⑧オーバースカートの脇を縫う。
　前後を中表に合わせて縫い、縫い代を割る
⑨オーバースカートの裾を三つ折りにして縫う
⑩オーバースカートにギャザーを寄せて、
　パンツと合わせる（→ p.82）
⑪ベルトの脇を縫う（→ .p75）
⑫ベルトをパンツにつけ、ゴムテープを通す（→ p.75 ＋ p.82）

●裁合せ図

＊指定以外の縫い代は1cm
🔲は裏に接着テープをはる

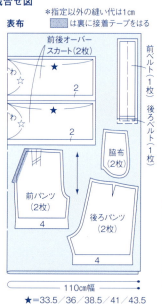

表布

前後オーバー
スカート（2枚）
前ベルト（1枚）
後ろベルト（1枚）
わ ☆
★
2
脇布（2枚）
前パンツ（2枚）
4
後ろパンツ（2枚）
4
110cm幅

別布

袋布（2枚）
40

★＝33.5／36／38.5／41／43.5
☆＝13／14／15／16／17

●縫い方順序

（裏）
⑪ ⑫ ⑪
⑧
⑩
⑨
②
④
⑦
⑤
⑥
（裏）

⑩オーバースカートにギャザーを寄せて、パンツと合わせる

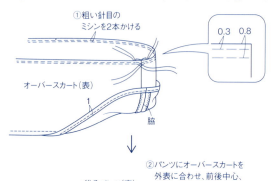

①粗い針目の
　ミシンを2本かける
0.3　0.8
オーバースカート（表）
脇

↓

②パンツにオーバースカートを
　外表に合わせ、前後中心、
　脇をまち針でとめる
後ろパンツ（裏）
オーバー
スカート
（表）
前パンツ（表）

↓

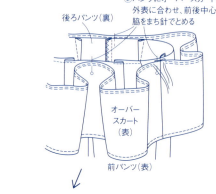

後ろパンツ（裏）
④縫い代に縫いとめる
③左右の脇で上糸を
　2本一緒に引いて
　縮める
オーバースカート（表）
前パンツ（表）

⑫ベルトをパンツにつけ、ゴムテープを通す（→ p.75）

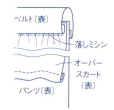

ベルト（表）
落しミシン
オーバー
スカート
（表）
パンツ（表）

C-8 リボンパンツ
--> p.38

●必要なパターン（実物大パターン C 面）
前パンツ、後ろパンツ、前ベルト、後ろベルト、脇布、
　袋布、ポケット
・リボンは裁合せ図で示した寸法を直接布地にしるして裁つ

●材料（100／110／120／130／140 サイズ）
表布（コットン木版プリント）108cm幅 1.3m／1.5m／
　1.6 m／1.8m／1.9m
接着テープ（前ポケット口分）1.5cm幅を 30cm
ゴムテープ 3cm幅を 19cm／21cm／23cm／25cm／27cm

●縫う前の準備（→ p.73）
・前ポケット口の縫い代裏面に接着テープをはる
・股下、ポケット回りの縫い代に布の表面から
　ジグザグミシンをかける
・裾、ポケット口を出来上りにアイロンで三つ折りにする

●縫い方
①後ろダーツを縫う（→ p.73）
②後ろポケットを作ってつける。
　ポケット口を縫い、回りの縫い代を出来上りに折って
　ポケットを作る。
　後ろパンツのつけ位置に重ねてステッチでとめる（→ p.59）
③前ポケットを作る（→ p.74）
④前タックをたたむ（→ p.74）
⑤脇を縫う（→ p.74）
⑥股下を縫う（→ p.74）
⑦裾を三つ折りにして縫う
⑧股上を前後続けて縫う（→ p.75）
⑨リボンを作る（→ p.83）
⑩ベルトの脇を縫う（→ p.83）
⑪ベルトをパンツにつけ、ゴムテープを通す（→ p.75）

●裁合せ図
＊指定以外の縫い代は1cm
　▨ は裏に接着テープをはる　★＝45／47／49／51／53

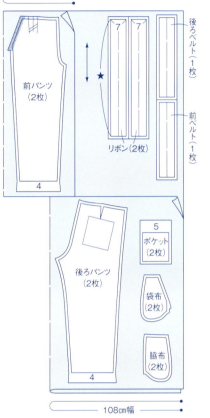

●縫い方順序

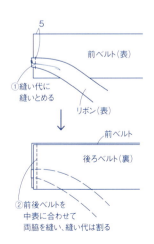

⑨リボンを作る
3.5
リボン（裏）
1
①中表に折ってミシン

↓

3.5
リボン（表）
②表に返してアイロンで整える

↓

2
リボン（表）
③タックをたたんで
縫いとめる

⑩ベルトの脇を縫う
5
前ベルト（表）
①縫い代に
　縫いとめる
リボン（表）

↓

前ベルト
後ろベルト（裏）
②前後ベルトを
　中表に合わせて
　両脇を縫い、縫い代は割る

D-1 コーデュロイスカート
--> p.43

●必要なパターン（実物大パターンD面）

前後スカート、前ベルト、後ろベルト、袋布
・実物大パターンもあるが裁合せ図で示した寸法を
　直接布地にしるして裁ってもいい。
　その際、ポケットつけ位置は実物大パターンで
　確認する

●材料（100 / 110 / 120 / 130 / 140 サイズ）

表布（細畝コーデュロイ）108cm幅 90cm／90cm／1m／
　1.1m／1.1m
別布（コットン）40×25cm
接着テープ（右前ポケット口分）1.5cm幅を15cm
ゴムテープ 3cm幅を22cm／24cm／26cm／28cm／30cm

●縫い方

①前スカートにギャザーを寄せる（→p.85）
②脇を縫って、右脇にポケットを作る（→p.65）
③ベルトの脇を縫う（→p.85）
④ベルトをスカートにつけ、ゴムテープを通す（→p.85）
⑤裾を三つ折りにして縫う

●裁合せ図

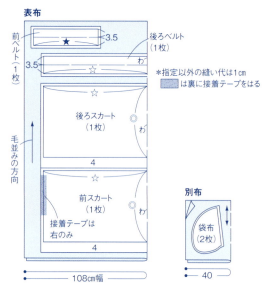

表布

前ベルト（1枚）　★　3.5
後ろベルト（1枚）
3.5　☆　わ
後ろスカート（1枚）　わ
4
前スカート（1枚）　☆　わ
接着テープは右のみ
4

別布
袋布（2枚）
40

毛並みの方向

*指定以外の縫い代は1cm
　▨ は裏に接着テープをはる

◆── 108cm幅 ──◆

★＝24／26／28／30／32
☆＝38.5／42／45／48／51.5
◎＝25／28／31／34／37

*毛並みのあるコーデュロイを使用しているので、
　各パターンは上下をそろえて毛並みと逆方向に配置する

●縫い方順序

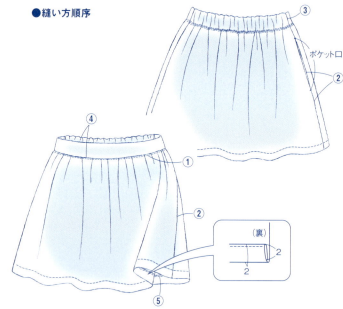

③
ポケット口
②
④
①
②
⑤
（裏）2　2

●縫う前の準備

・右前ポケット口の縫い代裏面に接着テープをはる
・スカートの脇、袋布の脇の縫い代に布の表面からジグザグミシンをかける
・裾を出来上りにアイロンで三つ折りにする

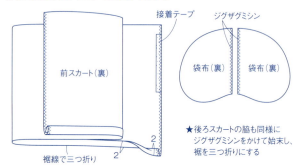

接着テープ　ジグザグミシン
前スカート（裏）
袋布（裏）　袋布（裏）
裾線で三つ折り　2　2

★後ろスカートの脇も同様に
　ジグザグミシンをかけて始末し、
　裾を三つ折りにする

なるほど
POINT

きれいに布を切るはさみの使い方

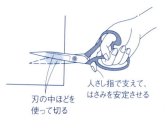

刃の中ほどを
使って切る

人さし指で支えて、
はさみを安定させる

布を裁つときは、布やはさみをできる
だけ持ち上げないようにはさみの下
側の刃は台につけたまま切り進めま
す。刃先を最後まで閉じると切りつ
ぎが乱れるので、使うのは刃先の少
し手前までにします。また左利きの
かたは、専用のはさみを使うと楽に
切ることができます。

① 前スカートにギャザーを寄せる

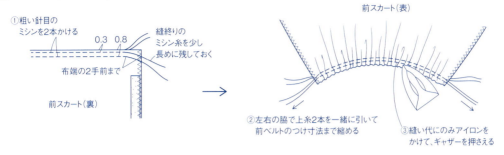

①粗い針目の
ミシンを2本かける

0.3 0.8

布端の2手前まで

縫終りの
ミシン糸を少し
長めに残しておく

前スカート（裏）

前スカート（表）

②左右の脇で上糸2本を一緒に引いて
前ベルトのつけ寸法まで縮める

③縫い代にのみアイロンを
かけて、ギャザーを押さえる

③ ベルトの脇を縫う

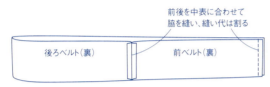

前後を中表に合わせて
脇を縫い、縫い代は割る

後ろベルト（裏）　　前ベルト（裏）

④ ベルトをスカートにつけ、ゴムテープを通す

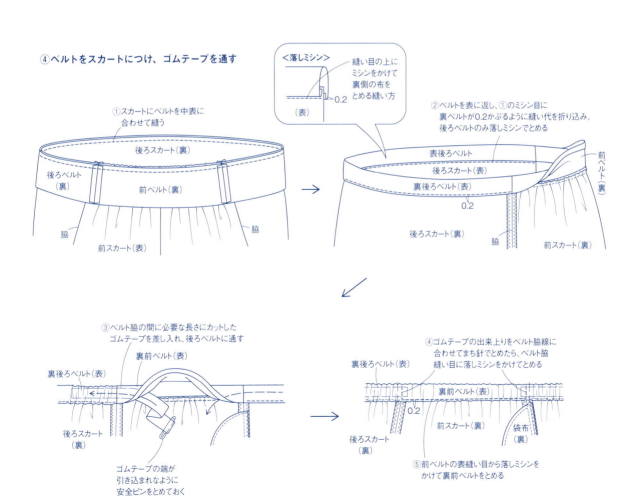

＜落しミシン＞
縫い目の上に
ミシンをかけて
裏側の布を
とめる縫い方

（表）　0.2

①スカートにベルトを中表に
合わせて縫う

後ろスカート（裏）

後ろベルト
（裏）

前ベルト（裏）

脇　　　　　　　　脇

前スカート（表）

②ベルトを表に返し、①のミシン目に
裏ベルトが0.2かぶるように縫い代を折り込み、
後ろベルトのみ落しミシンでとめる

表後ろベルト

後ろスカート（表）

裏後ろベルト（表）

0.2

後ろスカート（裏）

脇

前ベルト（裏）

前スカート（裏）

③ベルト脇の間に必要な長さにカットした
ゴムテープを差し入れ、後ろベルトに通す

裏前ベルト（表）

裏後ろベルト（表）

後ろスカート
（裏）

ゴムテープの端が
引き込まれないように
安全ピンをとめておく

④ゴムテープの出来上りをベルト脇線に
合わせてまち針でとめたら、ベルト脇
縫い目に落しミシンをかけてとめる

裏後ろベルト（表）　　裏前ベルト（表）

0.2

後ろスカート
（裏）

前スカート（裏）

袋布
（裏）

⑤前ベルトの表縫い目から落しミシンを
かけて裏前ベルトをとめる

D-2　W ポケットつきスカート

--> p.44

●必要なパターン（実物大パターン D 面）

表前後スカート、前ベルト、後ろベルト、ポケット

・実物大パターンもあるが裁合せ図で示した寸法を
　直接布地にしるして裁ってもいい。
　その際、ポケットつけ位置は実物大パターンで
　確認する
・裏スカートのパターンは表スカートを利用し、
　丈が 3cm短くなるように作る

●材料（100 ／ 110 ／ 120 ／ 130 ／ 140 サイズ）

表布（コットン）106cm幅 1.3m ／ 1.4m ／ 1.5 m ／ 1.8m ／ 1.9m
別布A（ドット柄コットン）20 × 20cm
別布B（ストライプ柄コットン）20 × 20cm
ゴムテープ 3cm幅を 22cm／ 24cm／ 26cm／ 28cm／ 30cm

●裁ち方ポイント

130 と 140 サイズはスカートとベルトを並べて裁断できないの
で p.84 の D-1 と同様に配置する

●縫う前の準備

・表スカートと裏スカートの脇、ポケットの縫い代に
　布の表面からジグザグミシンをかける
・表スカートと裏スカートの裾、ポケット口を
　出来上りにアイロンで三つ折りにする

●縫い方

① 表スカートと裏スカートの脇を縫う。
　前後を中表に合わせて縫い、縫い代を割る
② ポケットを作って、表スカートにつける（→ p.59）
③ 表スカートと裏スカートの裾を三つ折りにして縫う
④ 表スカートと裏スカートを合わせ、
　前スカートにギャザーを寄せる（→ p.86）
⑤ ベルトの脇を縫う（→ p.85）
⑥ ベルトをスカートにつけ、ゴムテープを通す（→ p.85）

●裁合せ図

表布　　＊指定以外の縫い代は1cm

前ベルト（1枚）　3.5

後ろベルト（1枚）　3.5

★

☆×2

裏前後スカート（2枚）
24／27／30／33／36　2
24／27／30／33／36　2

表前後スカート（2枚）
25／28／31／34／37　4
25／28／31／34／37　4

106cm幅

別布A
5
ポケット（1枚）
◆
← 20 →

別布B
5
ポケット（1枚）
◆
← 20 →

◎＝11／11.5／12／12.5／13
◆＝10.5／11／11.5／12／12.5
★＝24／26／28／30／32
☆＝38.5／42／45／48／51.5

●縫い方順序

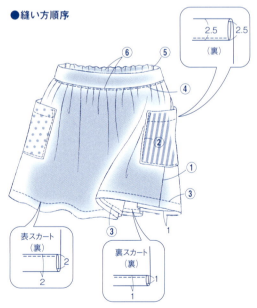

2.5　2.5　（裏）

⑥　⑤　④　②　①　③

表スカート（裏）　2　2
裏スカート（裏）　1　1
③　1

④表スカートと裏スカートを合わせ、前スカートにギャザーを寄せる

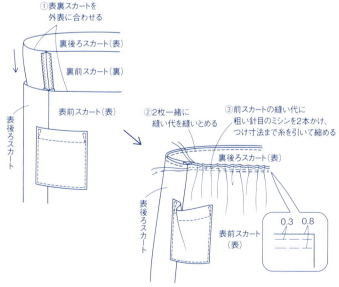

①表裏スカートを外表に合わせる

裏後ろスカート（表）
裏前スカート（裏）
表前スカート（表）

表後ろスカート

②2枚一緒に縫い代を縫いとめる

③前スカートの縫い代に粗い針目のミシンを2本かけ、つけ寸法まで糸を引いて縮める

裏後ろスカート（表）
表前スカート（表）
表後ろスカート

0.3　0.8

D-3 柄切替えスカート

--> p.46

●必要なパターン（実物大パターン D 面）

前後スカート、前後ベルト
・実物大パターンもあるが裁合せ図で示した寸法を
　直接布地にしるして裁ってもいい

●材料（100 ／ 110 ／ 120 ／ 130 ／ 140 サイズ）

表布A（ギンガムチェックコットン）110cm幅 30cm ／ 40cm ／
　40cm ／ 40cm ／ 50cm
表布B（ストライプ柄コットン）110cm幅 30cm ／ 40cm ／
　40cm ／ 40cm ／ 50cm
別布（無地コットン）110cm幅 20cm
ゴムテープ 3cm幅を 46cm ／ 50cm ／ 54cm ／ 58cm ／ 62cm

●縫う前の準備

・脇の縫い代に布の表面からジグザグミシンをかける
・裾を出来上りにアイロンで三つ折りにする

●縫い方

①脇を縫う。前後を中表に合わせて縫い、縫い代を割る
②ベルトの脇を縫う（→ p.87）
③ベルトをスカートにつけ、ゴムテープを通す（→ p.87）
④裾を三つ折りにして縫う

●裁合せ図

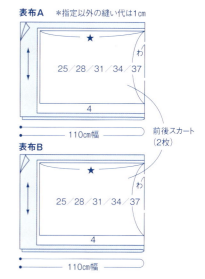

*指定以外の縫い代は1cm

表布A

25 ／ 28 ／ 31 ／ 34 ／ 37

4

110cm幅

わ

前後スカート
（2枚）

★＝38.5 ／ 42 ／ 45 ／ 48 ／ 51.5

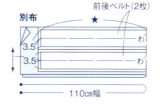

別布

3.5
3.5

わ
わ

110cm幅

前後ベルト（2枚）

表布B

25 ／ 28 ／ 31 ／ 34 ／ 37

4

110cm幅

わ

②ベルトの脇を縫う

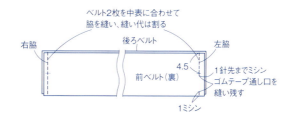

ベルト2枚を中表に合わせて
脇を縫い、縫い代は割る

右脇　　　後ろベルト　　　左脇

前ベルト（裏）

4.5

1針先までミシン
ゴムテープ通し口を
縫い残す

1ミシン

●縫い方順序

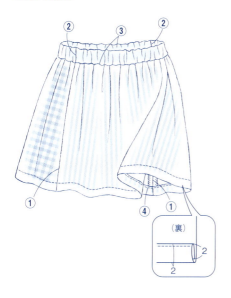

（裏）

2
2

③ベルトをスカートにつけ、ゴムテープを通す

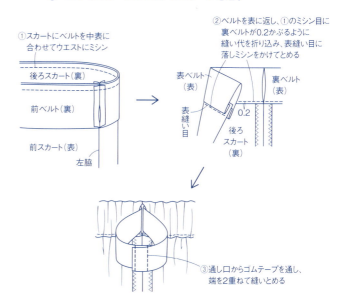

①スカートにベルトを中表に
合わせてウエストにミシン

後ろスカート（裏）

前ベルト（裏）

前スカート（表）

左脇

②ベルトを表に返し、①のミシン目に
裏ベルトが0.2かぶるように
縫い代を折り込み、表縫い目に
落しミシンをかけてとめる

表ベルト
（表）

裏ベルト
（裏）

表縫い目

0.2

後ろ
スカート
（裏）

③通し口からゴムテープを通し、
端を2重ねて縫いとめる

D-4 チュールスカート

--> p.47

●必要なパターン（実物大パターンD面）

前後表スカート、前後裏スカート
・実物大パターンもあるが裁合せ図で示した寸法を
　直接布地にしるして裁ってもいい

●材料（100 ／ 110 ／ 120 ／ 130 ／ 140 サイズ）

表布（パワーネットチュール）108cm幅 1.3m ／ 1.4m ／
　1.6 m ／ 1.7m ／ 1.8m
裏布（コットン）110cm幅 40cm／40cm／40cm／50cm／50cm
綿テープ 1.5cm幅を 2m ／ 2 m ／ 2.1 m ／ 2.1 m ／ 2.1 m ／
ゴムテープ 0.6cm幅を 45cm ／ 49cm ／ 53cm ／ 57cm ／ 61cm

●裁ち方ポイント

表布、裏布とも、大きなサイズも布幅に入るようにグレーディ
ングしてあるので、少しギャザー分量が少なくなる

●縫う前の準備

・裏スカートの脇の縫い代に布の表面から
　ジグザグミシンをかける

●縫い方

① 表スカートの脇を縫い、2枚重ねてウエストに
　ギャザーを寄せる（→p.88）
② 裏スカートの脇を縫い、縫い代を割る
③ 裏スカートの裾に表からジグザグミシンをかけ、折って縫う
④ 表スカートと裏スカートを合わせ、
　綿テープを縫いつける（→p.88）
⑤ ウエストにゴムテープを通す（→p.88）
⑥ 蝶結びをつける

●裁合せ図

表布

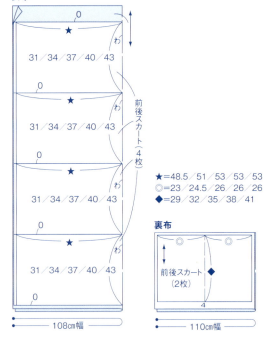

31／34／37／40／43

★=48.5／51／53／53／53
◎=23／24.5／26／26／26
◆=29／32／35／38／41

108cm幅

裏布

前後スカート
（2枚）

4

110cm幅

●縫い方順序

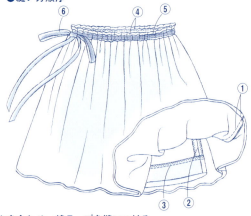

① 表スカートの脇を縫い、2枚重ねて ウエストにギャザーを寄せる

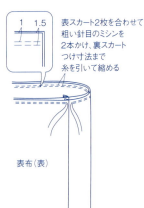

表スカート2枚を合わせて
粗い針目のミシンを
2本かけ、裏スカート
つけ寸法まで
糸を引いて縮める

表布（表）

④ 表スカートと裏スカートを合わせ、綿テープを縫いつける
⑤ ウエストにゴムテープを通す

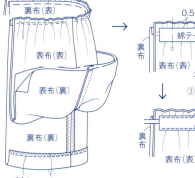

①裏スカートのウエストを出来上りに
　折り、表スカートの布端より
　0.5下に合わせてしつける

0.5

裏布（表）

表布（裏）

表布（表）

裏布（裏）

ミシン　4

②表スカートの表面布端より
　0.5下に綿テープをまち針でとめる

綿テープ

右脇　端は折る

③ステッチをかけ、
　裏布も一緒に縫いとめる

④ゴムテープを通す

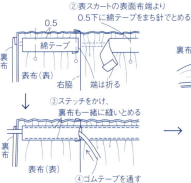

表布（表）

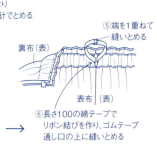

⑤端を1重ねて
　縫いとめる

裏布（表）

表布（表）

⑥長さ100の綿テープで
　リボン結びを作り、ゴムテープ
　通し口の上に縫いとめる

※100、110サイズの場合は、
　小さめに結んでバランスを見てから
　縫いとめ、テープの端はカットする

D-5 サンドレス
--> p.48

●必要なパターン（実物大パターンD面）
前後身頃、前後スカート
・実物大パターンもあるが裁合せ図で示した寸法を
　直接布地にしるして裁ってもいい

●材料（100／110／120／130／140 サイズ）
表布（コットン）108cm幅1m／1.1m／1.1 m／
　1.2m／1.3m
リボン 0.6cm幅を1.5m／1.6m／1.6 m／1.7m／1.8m
シャーリング用ゴムカタン糸適宜

●縫う前の準備
・身頃の脇、スカートの脇の縫い代に布の表面から
　ジグザグミシンをかける
・身頃上端、スカートの裾を出来上りにアイロンで
　三つ折りにする

●縫い方
①身頃の左脇を縫う。
　前後を中表に合わせて左脇を縫い、縫い代を割る
②身頃上端を三つ折りにして縫う
③スカートの脇を縫う。
　前後を中表に合わせて両脇を縫い、縫い代を割る
④スカートにギャザーを寄せて、身頃と縫い合わせる（→ p.89）
⑤身頃にシャーリングをする（→ p.89）
⑥リボンを縫いつける（→ p.89）
⑦裾を三つ折りにして縫う

●裁合せ図

＊指定以外の縫い代は1cm

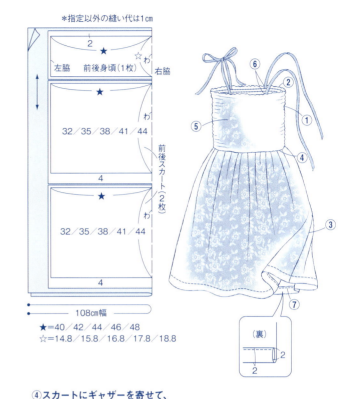

108cm幅

★＝40／42／44／46／48
☆＝14.8／15.8／16.8／17.8／18.8

●縫い方順序

④スカートにギャザーを寄せて、身頃と縫い合わせる

①ウエストの縫い代に
　粗い針目のミシンを2本かけ、
　身頃のつけ寸法まで糸を
　引いて縮める

②身頃とスカートの
　ウエストを中表に
　合わせて縫う

⑤身頃にシャーリングをする
⑥リボンを縫いつける

①0.8間隔で
　20本シャーリング
　をする

②長さ37／38.5／40／41.5／43の
　リボン4本をそれぞれ縫いつける

★リボンつけ位置は
　シャーリングを
　伸ばさないで
　寸法をはかる

なるほど POINT

きれいにゴムシャーリングをする方法

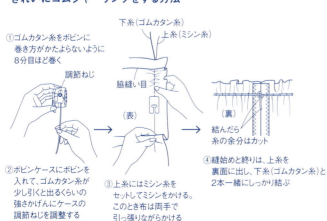

①ゴムカタン糸をボビンに
　巻き方がかたよらないように
　8分目ほど巻く

②ボビンケースにボビンを
　入れて、ゴムカタン糸が
　少し引くと出るくらいの
　強さかげんにケースの
　調節ねじを調整する

③上糸にはミシン糸を
　セットしてミシンをかける。
　このとき布は両手で
　引っ張りながらかける

④縫始めと終りは、上糸を
　裏面に出し、下糸（ゴムカタン糸）と
　2本一緒にしっかり結ぶ
　結んだら糸の余分はカット

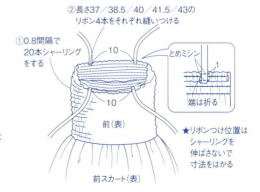

D-6　エプロンスカート
--> p.50

●必要なパターン（実物大パターンD面）
前後スカート、胸当て、前ベルト、後ろベルト、
　ポケット、ポケット口布
・実物大パターンもあるが裁合せ図で示した寸法を
　直接布地にしるして裁ってもいい。その際、
　ポケットつけ位置は実物大パターンで確認する。
　サスペンダーは裁合せ図で示した寸法を
　直接布地にしるして裁つ

●材料（100／110／120／130／140サイズ）
表布（デニム）116cm幅 80cm／90cm／90cm／1m／1m
パイピングテープ1cm幅を 50cm／50cm／50cm／60cm／60cm
ゴムテープ3cm幅を 22cm／24cm／26cm／28cm／30cm
ボタン直径1.5cmを2個
丸ゴムひも6cm

●縫う前の準備
・脇、ポケット、ポケット口布の縫い代に布の表面から
　ジグザグミシンをかける
・裾を出来上りにアイロンで三つ折りにする

●縫い方
①脇を縫う。前後を中表に合わせて縫い、縫い代を割る
②ポケットを作ってつける（→p.91）
③前スカートにギャザーを寄せる（→p.85）
④サスペンダーを作る
⑤サスペンダーをはさんで、胸当てを作る（→p.91）
⑥胸当てに前ベルトをつける（→p.91）
⑦ベルトの脇を縫う（→p.91）
⑧ベルトをスカートにつけ、ゴムテープを通す（→p.85）
⑨裾を三つ折りにして縫う
⑩丸ゴムひもとボタンをつける（→p.91）

●裁合せ図　＊指定以外の縫い代は1cm

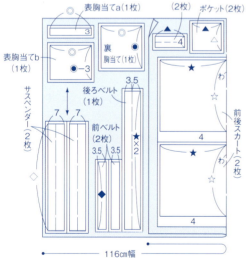

★＝25／27／29／31／33
☆＝25／28／31／34／37
◎＝15.6／16.8／18／19.2／20.4
●＝15.5／16.5／17.5／18.5／19.5
◆＝24／26／28／30／32
◇＝40／42.5／45／47.5／50
▲＝12／12.5／13／13.5／14
△＝10.5／11／11.5／12／12.5

●縫い方順序

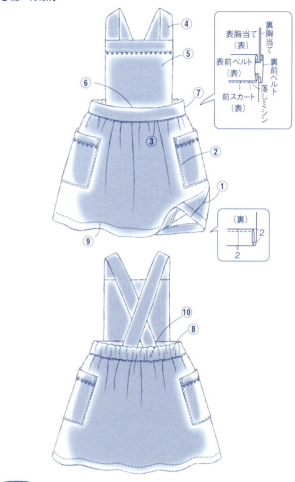

なるほど
POINT

小さなパーツをまとめて縫って、時短ソーイング

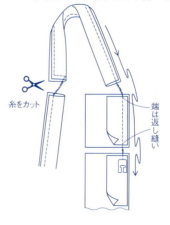

糸をカット

端は返し縫い

少しでも手早く仕上げたいときにお
すすめの方法。例えばD-6のスカー
トの場合、ポケットやサスペンダーな
どのパーツをミシンがけできるように
準備し、一度のミシンかけで糸を切
らずに続けて縫います。かけ終わっ
たらパーツの間の糸をカット。以降
のミシンかけやアイロンかけもできる
かがり作業をまとめてするのが時短
のこつです。

②ポケットを作ってつける

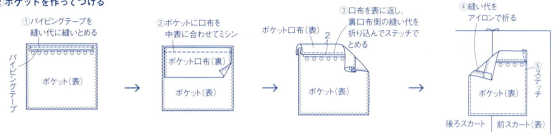

①パイピングテープを縫い代に縫いとめる

パイピングテープ
ポケット(表)

→

②ポケットに口布を中表に合わせてミシン

ポケット口布(裏)
ポケット(表)

→

③口布を表に返し、裏口布側の縫い代を折り込んでステッチでとめる

ポケット口布(表)
2
ポケット(表)

→

④縫い代をアイロンで折る

⑤ステッチ
ポケット(表)
後ろスカート | 前スカート(表)

⑤サスペンダーをはさんで、胸当てを作る

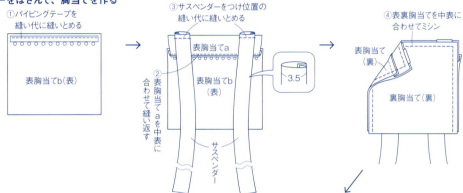

①パイピングテープを縫いとめる
表胸当てb(表)

→

③サスペンダーをつけ位置の縫い代に縫いとめる
表胸当てa
②表胸当てaを中表に合わせて縫い返す
表胸当てb(表)
3.5
サスペンダー

→

④表裏胸当てを中表に合わせてミシン
表胸当て(裏)
裏胸当て(裏)

⑥胸当てに前ベルトをつける

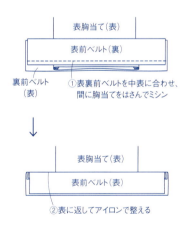

表胸当て(表)
表前ベルト(裏)
裏前ベルト(表)
①表裏前ベルトを中表に合わせ、間に胸当てをはさんでミシン

↓

表胸当て(表)
表前ベルト(表)
②表に返してアイロンで整える

⑤表に返してアイロンで整える
裏胸当て(表)
表胸当てb(表)

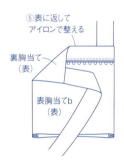

⑦ベルトの脇を縫う

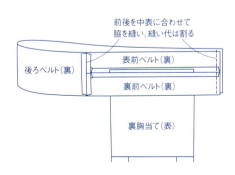

前後を中表に合わせて脇を縫い、縫い代は割る
後ろベルト(裏)
表前ベルト(裏)
裏前ベルト(裏)
裏胸当て(表)

⑩丸ゴムひもとボタンをつける

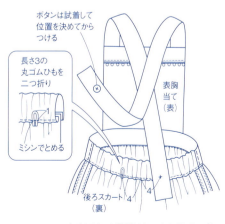

ボタンは試着して位置を決めてからつける
長さ3の丸ゴムひもを二つ折り
ミシンでとめる
表胸当て(表)
後ろスカート(裏)

*丸ゴムひもつけ位置はウエストのゴムテープを伸ばさないで寸法をはかる

column レッスンバッグ
--> p.54

●製図

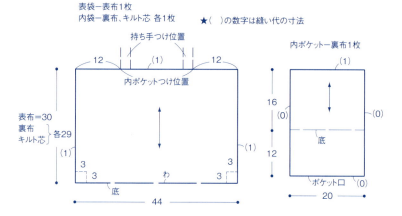

表袋−表布1枚
内袋−裏布、キルト芯 各1枚

★( )の数字は縫い代の寸法

持ち手つけ位置
12 (1) 12
内ポケットつけ位置

内ポケット−裏布1枚

表布=30
裏布
キルト芯 各29
(1)

(1)

3 3
3 わ 3
底
44

16 (0) (0)
底
12
ポケット口 (0)
20

●材料

表布（コットン）50 × 65cm
裏布（コットン）70 × 65cm
キルト芯 50 × 65cm
綿テープ 3cm幅を 84cm
両折りバイアステープ 12.7mm幅を 60cm
ネームテープ 1.6cm幅を 6cm

●縫い方

① 表袋を作る
② 内袋を作る
③ 内ポケットを作る
④ 表袋と内袋を縫い合わせる

① 表袋を作る

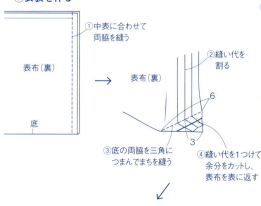

① 中表に合わせて両脇を縫う

表布（裏）
底

表布（裏）

② 縫い代を割る

表布（裏）
6
3
③ 底の両脇を三角につまんでまちを縫う
④ 縫い代を1つけて余分をカットし、表布を表に返す

⑤ 長さ42の綿テープを表布のつけ位置縫い代に仮どめ

表布（表）

② 内袋を作る

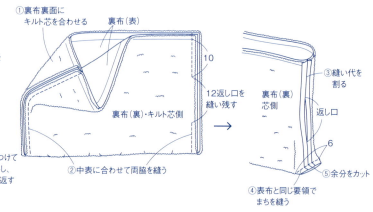

① 裏布裏面にキルト芯を合わせる

裏布（表）
10
12返し口を縫い残す
裏布（裏）・キルト芯側
② 中表に合わせて両脇を縫う

③ 縫い代を割る
裏布（裏）芯側
返し口
6
⑤ 余分をカット
④ 表布と同じ要領でまちを縫う

③ 内ポケットを作る

① ポケット口の布端をバイアステープではさんで縫う
② ネームテープを縫いつける
2.5
内ポケット（表）

④ 両脇の布端をバイアステープではさんで縫う
内ポケット（表）
③ 外表に折る
下端は出来上りに折り込む

裏布（表）
⑤ つけ位置縫い代に仮どめ
内ポケット

④ 表袋と内袋を縫い合わせる

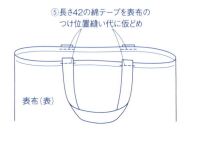

① 内袋の中に表袋を中表に入れ、袋口を縫う

表布（裏）
裏布（裏）

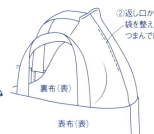

② 返し口から表に返して袋を整えたら返し口をつまんで縫いとめる

裏布（表）
表布（表）

column シューズケース 移動ポケット --> p.54

--> p.54

●シューズケースの製図

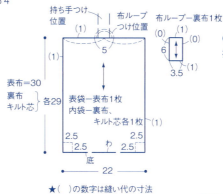

布ループ一裏布1枚

持ち手つけ位置
布ループつけ位置

表袋＝表布1枚
内袋＝裏布、
キルト芯各1枚

表布＝30
裏布
キルト芯 } 各29

底
22
わ
2.5　2.5
2.5　2.5

★（　）の数字は縫い代の寸法

●シューズケースの材料

表布（コットン）30×65cm
裏布（コットン）30×65cm
キルト芯 30×65cm
綿テープ 3cm幅を 32cm
ネームテープ 1.6cm幅を 6cm

●シューズケースの縫い方ポイント

縫い方の手順は 92 ページのレッスンバック①、②、④と同じです。シューズケースでは表袋の袋口には二つ折りにした持ち手と布ループを仮どめしてから内袋と縫い合わせます。

●シューズケースの縫い方 持ち手と布ループをつける

四つ折りして縫った布ループを仮どめ

表布（表）

長さ32の綿テープを二つ折りにし、つけ位置の縫い代仮どめ

●移動ポケットの材料

表布（コットン）20×30cm
裏布（コットン）20×50cm
パイピングテープ 0.8cm幅を 20cm
ネームテープ 1.6cm幅を 5cm
移動ポケット用クリップ 2 個

●移動ポケットの縫い方

①ひもを作って、表布につける
②表布と裏布Bを縫い合わせる
③表布と裏布Aを縫い合わせる
④表布と裏布を合わせて縫い返す

●移動ポケットの製図

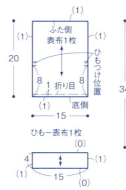

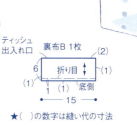

ふた側
表布1枚
20
8　1　折り目
ひもつけ位置
底側
15

ひも一表布1枚
4
15

ふた側
裏布A 1枚
34
19
9
6
ティッシュ出入れ口
15

裏布B 1枚
6　折り目
1　底側
15

ティッシュ出入れ口

★（　）の数字は縫い代の寸法

●移動ポケットの縫い方
①ひもを作って、表布につける
②表布と裏布Bを縫い合わせる

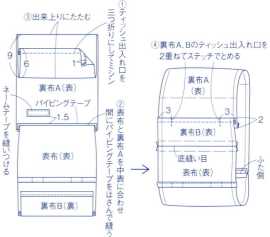

①ひもをつけ位置に合わせ、ステッチでとめる

四つ折りにしてステッチ

表布（表）
2.5　2.5
2.5　2.5　ひも（表）
1
1　裏布B（表）
谷折りする

②表布と裏布Bを中表に合わせてミシン

⑤たたんでおく

③ティッシュ出入れ口を三つ折りにしてミシン

②の縫い山
1

③表布と裏布Aを縫い合わせる

③出来上りにたたむ

①ティッシュ出入れ口を三つ折りにしてミシン

9　6　1

裏布A（表）
パイピングテープ
1.5

表布（表）

裏布B（裏）

ネームテープを縫いつける

②表布と裏布Aを中表に合わせ、間にパイピングテープをはさんで縫う

④裏布A、Bのティッシュ出入れ口を2重ねてステッチでとめる

裏布A（表）
3　3
裏布B（表）
2
底縫い目
表布（表）
ふた側

④表布と裏布を合わせて縫い返す

①全体を裏返しにし、表布裏布をそれぞれたたみ直して中表にし両脇にミシン

ふた側
裏布A（裏）
表布（裏）　底側

19

②ティッシュ出入れ口から表に返す

裏布A（表）
裏布B（表）

表布（表）
ひも
③クリップをひもにとめる

[クレジット]

p.8　A-2
パンツ／シップス（シップス 二子玉川店）

p.17　A-7
靴／サヤン

p.18　style 4
帽子／シップス（シップス 二子玉川店）

p.19　style 7
靴／サヤン

p.19　style 8
オーバーオール／リー（ストンプ・スタンプ）

p.21　B-1
靴／サヤン

p.26　style 2
パンツ／シップス（シップス 二子玉川店）

p.26　style 3
リュック／ミレー（ストンプ・スタンプ）
靴／コンバース（コンバースインフォメーションセンター）

p.26　style 4
靴／アグ（ストンプ・スタンプ）

p.27　style 5
ジャケット／シップス（シップス 二子玉川店）

p.27　style 7
スウェット／シップス（シップス 二子玉川店）

p.31　C-3
カーディガン／シップス（シップス 二子玉川店）
靴／コンバース（コンバースインフォメーションセンター）

p.32　C-4
靴／サヤン

p.38　C-8
靴／サヤン

p.40　style 2
靴／サヤン

p.40　style 4
リュック／シップス（シップス 二子玉川店）

p.41　style 5
トップス／リー（ストンプ・スタンプ）
靴／サヤン

p.41　style 7
靴／コンバース（コンバースインフォメーションセンター）

p.41　style 8
靴／サヤン

p.43　D-1
トップス／シップス（シップス 二子玉川店）

p.52　style 1
靴／コンバース（コンバースインフォメーションセンター）

p.52　style 3
靴／ミネトンカ（シップス 二子玉川店）

p.52　style 4
靴／シップス（シップス 二子玉川店）

p.53　style 5
トップス／シップス（シップス 二子玉川店）
靴／サヤン

p.53　style 6
トップス／シップス（シップス 二子玉川店）
靴／サヤン

p.53　style 7
コート／メドウブルック（ストンプ・スタンプ）
中に着たトップス／シップス、
靴／クラークス（ともにシップス 二子玉川店）

[ショップリスト]

コンバースインフォメーションセンター

tel.0120-819-217

サヤン

http://www.sayang-design.com

シップス 二子玉川店

tel.03-5716-6346

ストンプ・スタンプ

tel.03-5447-3486

こちらの情報は、2016年1月現在のものです。

[布地提供]

A-2, 5, 7, B-1, C-7

チェック＆ストライプ　自由が丘店
東京都目黒区緑が丘 2-24-13-105
tel.03-6421-3200
http://checkandstripe.com

A-4, C-1, 3, D-3, 4, 6

ユザワヤ 蒲田店
東京都大田区西蒲田 8-23-5
tel. 03-3734-4141
http://www.yuzawaya.co.jp

A-6, column

コッカ（ジュビリー）
大阪市中央区備後町 2-4-6
tel.06-6201-2572
http://kokka-fabric.com

B-4, C-2

丸十（リバティ）
福岡市博多区上川端町 11-275
tel. 092-281-1286
http://maru10.jp

C-4, D-1

布地のお店 ソールパーノ
大阪市中央区平野町 2-1-10
tel.06-6233-1329
http://www.rakuten.co.jp/solpano/

C-5

大塚屋
名古屋市東区葵 3-1-24
tel.052-935-4531
http://otsukaya.co.jp

C-6, D-2

オカダヤ　新宿本店
東京都新宿区新宿 3-23-17
tel. 03-3352-5411
http://www.okadaya.co.jp/shinjuku/

C-8, D-5

ヒューモンガス
東京都荒川区東日暮里 3-28-4
tel. 03-6316-9707
http://shop.humongous-shop.com

[布地協力]

A-1, B-2, 3

チェック＆ストライプ　自由が丘店
東京都目黒区緑が丘 2-24-13-105
tel.03-6421-3200
http://checkandstripe.com

[糸提供]

ミシン糸＝シャッペスパン 60 番、
ロックミシン糸＝ハイスパンロック 90 番
フジックス
京都市北区平野宮本町 5
tel.075-463-8112
http://www.fjx.co.jp

本書で使用した布地は 2015 年に販売されていたものです。
売切れの場合はご容赦ください。

佐藤かな Kana Sato

スタイリスト。
東京生れ。明治学院大学文学部フランス文学科卒業。
スタイリスト梅山弘子氏に師事し、その後独立。雑誌や広告などを中心に活躍。裁縫好きとしても知られ、雑誌やワークショップで紹介する手作り服はセンスがいいと評判に。プライベートの着こなしもファン多数。
著書に『KANA'S STANDARD スタイリスト佐藤かなの簡単に作れて、とことん使える日常着』『KANA'S STANDARD Ⅱ スタイリスト佐藤かなのシンプルパターンでとことん楽しむ服作り』『KANA'S STANDARD for kids Ⅱ スタイリスト佐藤かな が作る男の子にも女の子にも着せたい服』『KANA'S STANDARD for baby スタイリスト佐藤かなが作る赤ちゃんのための服と小物』（すべて文化出版局刊）、『佐藤かなさんのナチュラルおしゃれ入門』（宝島社刊）、『スタイリスト佐藤かなのいちばん使えるニット』（主婦と生活社刊）がある。

ブックデザイン	石田百合絵（ME&MIRACO）
撮影（人物）	森脇裕介
撮影（静物）	横田裕美子（studio banban）
スタイリング	佐藤かな
ヘアメイク	高野智子
モデル	チバ アン（Awesome）
パターン製作	土屋教之（アンドライン）
製作協力	佐藤明子
作り方解説	山村範子
トレース	day studio ダイラクサトミ
パターングレーディング	上野和博
パタートレース	アズワン（白井史子）
校閲	向井雅子
編集	薫森亮子（p.1〜56）
	大沢洋子（文化出版局）

KANA'S STANDARD for kids

スタイリスト佐藤かなが作る 女の子に着せたい毎日の服

2016年2月8日　第1刷発行
2020年12月16日　第7刷発行

著　者　　佐藤かな
発行者　　濱田勝宏
発行所　　学校法人文化学園 文化出版局
　　　　　〒151-8524
　　　　　東京都渋谷区代々木 3-22-1
　　　　　電話 03-3299-2489（編集）
　　　　　　　　03-3299-2540（営業）
印刷・製本所　　株式会社文化カラー印刷

文化出版局のホームページ　http://books.bunka.ac.jp/